Helge Kreisköther

Wir sind Goethoven!

Eine neue Untersuchung der Beziehung Goethe – Beethoven

Wir sind Goethoven!

Eine neue Untersuchung der Beziehung Goethe – Beethoven

Helge Kreisköther

Re Di Roma-Verlag

Bibliografische Information der Deutschen Nationalbibliothek:
Die Deutsche Nationalbibliothek verzeichnet diese Publikation in der Deutschen Nationalbibliografie; detaillierte bibliografische Daten sind im Internet über http://dnb.ddb.de abrufbar.

Gestaltung der Titelseite unter Verwendung folgender Bilder:
• Gerhard von Kügelgen: Goethe im Jahr 1810
• Joseph Willibrord Mähler: Beethoven im Jahr 1815

ISBN 978-3-86870-779-3

www.rediroma-verlag.de
8,95 Euro (D)

Per la mia dolce metà

Über den Autor

Helge Kreisköther, geboren am 8. August 1994, lebt in Essen. Seit dem siebten Lebensjahr spielt er Klavier. 2009 veröffentlichte er bereits die Biographie *Muzio Clementi – Ein vergessenes Musikgenie*, worauf er zum Ehrenmitglied der Swedish Clementi Society ernannt wurde. Seit Oktober 2013 studiert er Literaturwissenschaft an der Ruhr-Universität Bochum. Später möchte er Dramaturg an einem Schauspielhaus in NRW werden, denn seine größte Leidenschaft gilt dem Theater.
Goethe ist Kreisköthers literarisches und weltanschauliches Idol, Beethoven sein langjähriger Lieblingskomponist. Seminare, Theater- und Konzertbesuche lieferten ihm die Inspiration für das vorliegende Werk.

helge.kreiskoether@gmx.de
Facebook.com/helge.kreisoloph

Beethoven

INHALT

Einleitung

Wozu dieses Buch? Die erneute Untersuchung der Beziehung zweier Männer, über die bereits zur Genüge biographisches Material vorhanden ist? Schon Hermann Abert schrieb 1922, noch ein Buch über Goethe und die Musik hieße Eulen nach Athen tragen.[1] Zugestanden. Speziell das Verhältnis von Goethe und Beethoven zu beleuchten, künstlerisch wie historisch-biographisch, haben jedoch weitaus weniger kluge Köpfe in Angriff genommen. Abgesehen von der schnellen Legendenbildung, die sich nach dem Treffen zweier solcher Geistesgrößen ergeben *muss*, erarbeitete niemand die Hintergründe dieser zwischenmenschlich und schöpferisch außerordentlich interessanten Konstellation. Die Gründe dafür sind zugegebenermaßen keineswegs uneinleuchtend.

Goethe stand mit nahezu allen namhaften Künstlern und Intellektuellen seiner Zeit, der *Goethe-Zeit*, in persönlichem oder zumindest brieflichem Kontakt[2], die Verbindung mit Beethoven scheint dagegen vergleichsweise lose. Läge nicht ohnehin der Vergleich zwischen Beethoven und *Schiller* weitaus näher? Der Freiheitsdichter, von seinen Zeitgenossen nach der Uraufführung der *Räuber* rasch als „deutscher Shakespeare" gefeiert, und der leidenschaftliche musikalische Rebell, der sich so gern mit dem Adel anlegte; diese beiden Künstlertypen scheint auf den ersten Blick mehr zu verbinden. Beide stammten aus der Provinz – der eine aus dem Rheinland, der andere aus Schwaben –, beide waren vom Schicksal körperlich gedemütigt – der eine wurde taub, der andere soll sogar beim Beischlaf geröchelt haben. Hinzu kommt ihre geistige Verwandtschaft, welche durch eines der heiligsten Kunstwerke des Abendlandes bezeugt wird: Der opulenten *Neunten Sinfonie* Beethovens mit ihrem hymnischen Schlusschor über Schillers *Ode an die*

[1] Vgl. Abert, Goethe und die Musik, S. 6.

[2] Von Herder, Klopstock, Lavater und Wieland bis hin zu Hegel, Schopenhauer, Heine und Sir Walter Scott.

Freude. Nie zuvor gab es eine Sinfonie mit „Textbeilage“, nie zuvor sind klassizistische Forderungen derart emphatisch vertont worden. In Anbetracht all dessen hat die Forschung lange außer Acht gelassen, dass Goethe den beständigeren poetischen Bezugspunkt in Beethovens Leben darstellte – schon rein quantitativ überragen die Goethe-Vertonungen Beethovens die Schiller-Kompositionen bei Weitem.[3]

Der Dichterfürst seinerseits war durchaus angetan von Beethovens *Egmont*-Vertonung, schien aber Zeit seines Lebens eine gewisse Skepsis gegenüber der unbändigen Natur dieses 21 Jahre jüngeren Klangrevolutionärs zu empfinden. Auch persönlich begegneten sich die beiden Jahrhundertgenies – eine Bezeichnung, die man mit Vorsicht genießen sollte, die hier aber wohl ihre volle Berechtigung findet – nur in einem einzigen Sommer: Von Freundschaft kaum zu sprechen. Der gegenseitigen künstlerischen Bewunderung tat dies jedoch keinen Abbruch. Um es mit den dramatisierten Worten der Prinzessin Leonore[4] in Goethes *Tasso* zu sagen: „Zwei Männer sind's, ich hab es lang gefühlt, / Die darum Feinde sind, weil die Natur / Nicht Einen Mann aus ihnen beiden formte.“[5]

Viele Forscher der Vergangenheit wandten sich spätestens hier ab, weil sie nicht berücksichtigten, dass zwei Generationen aufeinandertrafen, die zwangsläufig auf Gegensätze stießen. Mit einseitigen Charakterstudien – Goethe der hochnäsige Poet, Beethoven der wilde Musikant – ist es jedoch nicht getan! Beim Nachforschen und instinktiven Vergleichen sind mir, über alle Differenzen hinaus, zu viele biographische und künstlerische Parallelen aufgefallen, als dass es sich *nicht* lohnen würde, sie einmal ausführlich gegenüberzustellen – was meines Wissens bis dato nie ge-

[3] Neben der *Ode an die Freude* vertonte Beethoven lediglich den „Gesang der Mönche“ aus *Wilhelm Tell* (Kanon WoO 104).

[4] Ein Vergleich mit der amüsanterweise gleichnamigen weiblichen Hauptfigur aus Beethovens *Fidelio* würde an dieser Stelle zu weit führen.

[5] Goethe, Egmont / Torquato Tasso, S. 152/53.

schehen ist. „Goethe und die Musik“ mag eine seit knapp 150 Jahren plattgetrene Thematik sein – sie zielt jedoch meist nur auf Mozart, seinen Lieblingskomponisten, oder auf „das Musikalische“ in Goethes Lyrik ab, ohne das Verhältnis zwischen dem Dichter und dem Musikgeschmack seiner Epoche, geschweige denn die Bedeutung der Musik für die Weltanschauung Goethes genauer zu beleuchten. Umgekehrt zog es die Beethoven-Forschung meist nur in Erwägung, die zahlreichen Liedvertonungen nach Goethe-Texten zu analysieren, statt sich mit seiner geistige Nähe *zu* und künstlerischen Identifizierung *mit* Goethe auseinanderzusetzen – oder wenigstens mit seiner Literaturauffassung im Allgemeinen.

Keinesfalls soll es in diesem Buch um eine zwanghafte Parallelisierung gehen: Goethe und Beethoven gelten zurecht als Verkörperungen des künstlerischen Individuums par excellence – sie zwecks eines vermeintlichen Gemeinsamen Nenners auf gewisse Ähnlichkeiten herunterbrechen zu wollen, widerspräche jeglichem Wissenschaftsanspruch. Dennoch lassen sich Verbindungen ausmachen, die ein anderes, intensiveres Licht auf die *Charaktere* Goethes und Beethovens werfen, die bei der Beschäftigung mit ihren zeitlosen Werken nun mal von unbestreitbarer Relevanz sind.

Nicht zuletzt soll dieses Buch auch jenen „Fachkreisen“ entgegenwirken, die in jüngster Vergangenheit immer wieder versucht haben, die herausragende Bedeutung einzelner großer Figuren der Kulturgeschichte abzuwerten, und schon beim geringsten Anflug von Bewunderung beherzte Gegenthesen aufstellen, die auf durchaus ebenbürtige Errungenschaften von heute weitgehend unbekannten Zeitgenossen Goethes und Beethovens verweisen. Fürwahr: Viele „Randfiguren“ würden heute weitaus mehr Beachtung verdienen als ihnen de facto zuteil wird.[6] Daran sind der Weimarer und

---

[6] Literaturhistorisch denke man (chronologisch sortiert) etwa an Namen wie Bürger, Lenz, Moritz, Jean Paul oder die Gebrüder Schlegel; musikhistorisch seien exemplarisch Namen wie Paisiello, Cherubini, Méhul oder Reicha genannt. Allesamt *unzureichend* gewürdigte Künstler ihrer Epoche.

der Wiener „Klassiker“ auch keineswegs unschuldig, wenn man bedenkt, dass sie sich schon zu Lebzeiten an ihrem eigenen Geniekult erfreuen konnten. Dennoch hat die Nachwelt bei allem Hang zum Idealisieren keine unverdienten Lorbeerkränze für Goethe und Beethoven geflochten: Sie leisteten Unikales, Bahnbrechendes, sämtliche sprachlichen bzw. musikalischen Ausdrucksmittel Ausschöpfendes. Doch glücklicherweise besteht ja trotz allem, so stellte es bereits Elisabeth Schmierer fest, „nach wie vor umfassendes Interesse an den großen Persönlichkeiten“[7], *obwohl* „die jüngere Geschichtsschreibung den Blick von der Heroengeschichte abgewandt hat und struktur- und sozialgeschichtliche Ansätze [...] bevorzugt [...]“[8].

„Gewiss ist es Aufgabe der Forschung, Legendäres und Anekdotisches von Authentischem zu trennen.“[9] Meiner Ansicht nach schließt die eine Betrachtungsweise die andere jedoch nicht zwangsläufig aus: Eine wissenschaftlich fundierte Bewunderung soll demnach Grundlage und Ziel dieses Buches sein. Doch möge der Leser selbst entscheiden. Ich halte es weiterhin mit dem anfangs bereits zitierten Hermann Abert: „Erschöpfendes darf man im Rahmen dieser Schrift nicht erwarten. Sie will nur zu weiterem Nachdenken über die hier aufgeworfenen Fragen anregen.“[10] Dem akademischen und besonders dem neugierig-aufgeschlossenen Leser[11] sei also viel Freude gewünscht beim Entdecken unbekannter Details und Zusammenhänge aus dem Goethoven'schen Mikrokosmos.

Helge Kreisköther
Essen, im Januar 2015

---

[7] Schmierer, Komponisten-Porträts, S. 13.
[8] Ebd., S. 12/13.
[9] Geck, Ludwig van Beethoven, S. 9.
[10] Abert, Goethe und die Musik, S. 8.
[11] Ersterer möge sich an den 400 Fußnoten ergötzen, Letzterer am hoffentlich stets lebendigen Schreibstil Gefallen finden.

(1) Ungewohnte Betrachtungen

(1.1) **Goethe und die Musik – Vor allem Mozart, aber noch wesentlich mehr**

„Goethe [...] hatte in seiner Jugend zwar keine vollkommene musikal. Ausbildung erfahren, sich aber eine tiefe musikal. Bildung erworben. Sie befähigte ihn, in seherischer Erkenntnis tiefe Worte über Musik und Musiker auszusprechen. [...] G. hat das Tonschaffen mehr angeregt als jeder andere Dichter. [...] Daher haben fast alle Tonschöpfer, die vokale Werke schrieben, zu Versen G.s gegriffen.“[12]
Mit diesem recht schwülstig formulierten Artikel, der einer jovialen Lobrede gleichkommt, beurteilt das Ullstein-Musiklexikon aus dem Jahr 1973 die Bedeutung der Tonkunst für den Dichterfürsten und andersherum. Einige Zeilen später heißt es weiterhin: „Von G.s Lyrik ist beinah nichts unvertont geblieben. *Über allen Gipfeln* [Anfangszeile von *Wanderers Nachtlied* aus dem Jahr 1780] ist von mindestens 70 ernst zu nehmenden [!] Tonschöpfern kompon. worden.“[13]
Welche Rolle spielte die Tonkunst aber konkret im Lebensweg des Dichters? Mit welchen musikalischen „Erscheinungen“ setzte Goethe sich auseinander? Um jene Fragen hinreichend beantworten zu können, begibt sich dieses Kapitel nicht etwa auf lyrik-analysierende, sondern vielmehr auf biographische und charakterliche „Spurensuche“.
Als Goethe am 28. August 1749 in Frankfurt am Main das Licht der Welt erblickte, konnte die Stadt mit etwa 30.000 Einwohnern[14] bereits auf eine ansehnliche Musiktradition zurückblicken: Georg Philipp Telemann, ein Komponist, der seinerzeit sogar Bach und Händel vorgezogen wurde[15], hatte hier von 1712 bis 1721 als Musikdirektor gewirkt und in dieser Funktion z.B. das „Collegium musicum“ der Gesell-

---

[12] Herzfeld, Lexikon der Musik, S. 203.
[13] Ebd.
[14] Vgl. Safranski, Goethe, S. 31.
[15] Herzfeld, Lexikon der Musik, S. 545.

schaft „Zum Frauenstein“[16] zurück ins Leben gerufen.[17] Damit war die Grundlage für ein regelmäßiges Konzertleben in der pulsierenden Stadt geschaffen – zu einer Zeit, die ohnehin Musik aus elitären Veranstaltungen wie Gottesdiensten oder Hoffesten herauszulösen und einer breiten Öffentlichkeit zugänglich zu machen begann.
Auch nach Telemanns Berufung als Kantor nach Hamburg im Jahr 1721 lebte diese musikalische Betriebsamkeit kontinuierlich fort. In Goethes Familie spiegelt sich dies wider: Der Großvater väterlicherseits, Friedrich Georg Goethe, soll für sein Musikverständnis stadtbekannt gewesen sein. Ebenso sein Vater, Johann Caspar Goethe, welcher – obwohl oft als etwas steif und pedantisch verschrien – gern zur Flöte oder Laute griff und musikalische Feierlichkeiten durchaus zu genießen pflegte.[18] Diese Musizierstunden, wenn wir sie so nennen wollen, gingen in Goethes Elternhaus einher mit dichterisch inspirierten Abenden. Musik und Poesie wurden keinesfalls strikt voneinander getrennt – die Grenzen zwischen „Liedern“ und „Gedichten“ waren Mitte des 18. Jahrhunderts ohnehin noch weitaus fließender.
Das regelmäßige und vergleichsweise offenherzige Zusammenkommen im Elternhaus ist wahrscheinlich auch nicht zuletzt Goethes geistreicher wie theaterbegeisterter[19] Mutter Catharina Elisabeth, geborene Textor, zu verdanken, die gelegentlich auch einige Arien zu Gehör brachte.[20] Amateurhafte Selbstversuche mit verschiedenen künstlerischen Ausdrucksformen waren also gewissermaßen obligatorisch. So wurden etwa zu „Familienfesten [...] kleine Strophen geschmiedet, im Kontext mehr oder weniger ernsthafter Liebschaften [...] Gedichte auf die Angebeteten geschrieben –

[16] Eine Vereinigung wohlhabender Frankfurter Familien (schon 1382 gegründet), die regelmäßig zusammenkam und ab dem Jahr 1713 auf Initiative Telemanns wöchentliche Konzerte im Haus Braunfels oder in der Barfüßerkirche veranstaltete.
[17] Vgl. Schmierer, Komponisten-Porträts, S. 79.
[18] Vgl. Abert, Goethe und die Musik, S. 9.
[19] Vgl. Safranski, Goethe, S. 28.
[20] Vgl. Müller-Blattau, Goethe und die Meister der Musik, S. 20.

jeweils angefüllt mit antik-mythologischer Metaphorik und Allegorik, mit konventionellen sprachlichen Figuren und Bildern, mit gängigen und leichtfüßigen Versmaßen“[21].
Diese Beschreibung rückt natürlich die Sprache in den Fokus, der ungezwungene, versuchsorientierte Umgang mit Versen lässt sich aber allgemein auf den Umgang mit Kunst im Hause Goethe übertragen. In wohlhabenden bürgerlichen Familien gehörte es zu jener Zeit gewissermaßen zum guten Ton, im Verwandtenkreis gelegentlich Gedichte vorzutragen – sich selbst aber im Verseschmieden zu üben und daran auch die Kinder teilhaben zu lassen, war keine Selbstverständlichkeit.
Wolfgang genoss eine Ausbildung, die man für damalige Verhältnisse als ebenfalls erstaunlich facettenreich bezeichnen darf. Auf dem Stundenplan der Hauslehrer standen vor allem Sprachen, welche ihm gewissermaßen zuflogen: Englisch, Französisch, Griechisch, Hebräisch, Italienisch und Latein[22]; darüber hinaus naturwissenschaftliche Fächer, Religions-, Zeichen- und Reitunterricht.[23] Sozusagen beiläufig erlernte der Knabe über drei Jahre (1763-66) das Cembalo- und später in Straßburg das Cellospiel.[24] Mit Beethovens jugendlicher Ausbildung ist all dies übrigens nicht im Geringsten zu vergleichen.[25]
Wichtig für Wolfgang wurde sodann das Weihnachtsfest 1753: Zu diesem Anlass nämlich bekam er von seiner Großmutter ein Puppen- bzw. Marionettentheater geschenkt[26], das seine Fantasie regelrecht beflügelte. Freilich war spätestens damit die Tendenz zum Schauspiel – will sagen: zur Dichtung – offensichtlich, jedoch sei darauf hingewiesen, dass sich Theater- und Opernbühnen damals sowohl äußer-

[21] Jeßing, Johann Wolfgang Goethe, S. 5.
[22] Vgl. Safranski, Goethe, S. 32.
[23] Vgl. Wilpert, Goethe-Leikon, S. 883.
[24] Vgl. ebd., S. 735.
[25] Der Komponist soll z.B. in der Mathematik Zeit seines Lebens nur die Grundrechenarten beherrscht haben; seinen enormen geisteswissenschaftlichen Horizont erarbeitete er sich größtenteils autodidaktisch.
[26] Vgl. Wilpert, Goethe-Lexikon, S. 677.

lich als auch institutionell noch nicht derartig voneinander unterschieden wie es heute meistens der Fall ist.
In den folgenden Jahren erlas sich der Knabe mehr als der Durschnittsdeutsche unserer Tage. So lernte er z.B. Klopstocks *Messias*-Epos, Johann Gottfried Schnabels Robinsonade *Insel Felsenburg*, etliche französische Theaterstücke (Corneille, Racine, Voltaire) sowie die Bibel in ihrem vollen Umfang kennen[27] – nicht zuletzt dank der gut ausgestatteten Hausbibliothek des Vaters. Die Abkehr von einer möglicherweise *musikalischen* Laufbahn scheint hier bereits sehr deutlich. Konzentrieren wir uns im Folgenden also auf Lebensstationen Goethes, in denen er mit namhaften Vertretern der Musikgeschichte in Berührung geriet.
Als frühestes Ereignis ist sicherlich ein Konzert des „Wunderkinds" Wolfgang Amadeus Mozart in Frankfurt am 25. August 1763 zu nennen, das Goethe mit seiner Schwester Cornelia besuchte. Es ist schwierig zu sagen, wann genau Goethes Bewunderung für Mozart ihren Anfang nahm, fest steht jedoch, dass ihm dieser Auftritt – Wolfgang war 14, Wolfgang *Amadeus* ganze sieben Jahre alt – bereits nachhaltig im Gedächtnis hängen blieb. Mit 67 Jahren soll er, etwas wehmütig, davon erzählt haben: „Ich erinnere mich des kleinen Mannes in seiner Frisur und Degen noch ganz deutlich."[28]
Später, in den 1780er und frühen 1790er Jahren, als Mozarts Schaffen auf seinem Zenit stand, blieben Goethe weder die dämonischen Klänge des *Don Giovanni* noch die hintergründig tiefsinnige, freimaurerische Bedeutung der *Zauberflöte* verschlossen.[29] Letztere ließ er während seiner Amtszeit als Weimarer Theaterdirektor (d.h. zwischen 1791 und 1817) stolze 82 Mal aufführen[30] und verglich sie in ihrer Wirkung sogar mit seinem monumentalsten eigenen Werk, dem *Faust*: „Alles [am *Faust*] ist sinnlich und wird [...]

[27] Vgl. Safranski, Goethe, S. 33.
[28] Müller-Blattau, Goethe und die Meister der Musik, S. 33.
[29] Vgl. Herzfeld, Lexikon der Musik, S. 203.
[30] Vgl. Osten, Zwischen allen Stühlen.

jedem gut in die Augen fallen. […] Wenn es nur so ist, daß die Menge der Zuschauer Freude an der Erscheinung hat; dem Eingeweihten wird zugleich der höhere Sinn nicht entgehen, wie es ja auch bei der ‚Zauberflöte' […] der Fall ist!"[31]

Mozarts Nähe zur ausgewogenen Formschönheit, zur spielerischen Heiterkeit und einem meist „leichten" (d.h. optimistischen) Ernst, dem der Weltschmerz späterer Komponistengenerationen noch fernliegt, mögen Goethes Musikauffassung am ehesten entsprochen haben.[32] Noch 1831, gegen Ende seines Lebens, äußerte er gegenüber Eckermann in einer Erörterung des Geniebegriffs: „Was ist Genie ander[e]s als jene produktive Kraft, wodurch Taten entstehen, die vor Gott und der Natur sich zeigen können und die eben deswegen Folge haben und von Dauer sind! Alle [!] Werke Mozarts sind von dieser Art; es liegt in ihnen eine zeugende [inspirierende] Kraft, die von Geschlecht zu Geschlecht fortwirkt und so bald nicht erschöpft und verzehrt sein dürfte."[33]

Mozart blieb für den Dichter ein lebenslanges Phänomen. Der Salzburger war jedoch nicht der einzige Musiker, dessen Werke Goethe *unzeitgemäß* schätzte: Ähnlich verhielt es sich mit Bach, den er vergleichsweise spät (lange nach der Jahrhundertwende), für sich entdeckte – dank seiner Freundschaft zum Berliner Chorleiter und Liedkomponisten Karl Friedrich Zelter (1758-1832).[34]

Der Weg zur Kunst Bachs verlief allerdings keineswegs intuitiv wie bei Mozart, vielmehr musste Goethe ihn sich stufenweise erarbeiten. Dies hängt womöglich damit zusammen, dass der Dichter, immer wieder als „Augenmensch" betitelt[35], die konzentrierte Musik des Barockkomponisten

[31] Müller-Blattau, Goethe und die Meister der Musik, S. 37.

[32] Mozart seinerseits vertonte nur einen einzigen Goethe-Text: *Das Veilchen* (KV 476) im Jahre 1785, welches dem Schauspiel *Erwin und Elmire* entstammt.

[33] Müller-Blattau, Goethe und die Meister der Musik, S. 44/45.

[34] Ursprünglich hatte Zelter den Beruf des Maurermeisters erlernt.

[35] Vgl. Müller-Blattau, Goethe und die Meister der Musik, S. 9.

anfangs fremd vorkam. Bach, der von 1714 bis 1717 übrigens auch als Kapellmeister in Weimar angestellt war[36], komponierte im Gegensatz zu Mozart nicht eine einzige Oper und zeichnet sich mitnichten durch eine allgegenwärtige Heiterkeit aus. Im Gegenteil: Seine im christlich-protestantischen Sinne meist leidensortientierten Vokalwerke und die häufig komplexe, kontrapunktische Kompositionsweise hatten schon die meisten seiner Zeitgenossen überfordert. Zelter jedoch führte Bachs Motetten und Kantaten des Öfteren mit der Berliner Singakademie auf – und berichtete Goethe brieflich davon. So erscheint es auch kaum als Zufall, dass Felix Mendelssohn, der 1829 mit der Wiederaufführung der *Matthäuspassion* eine nachhaltige Bach-Renaissance einläutete, Schüler von Zelter war.

Als deutlichster Beleg für Goethes gefundenen Zugang zu Bach erweist sich schließlich eine späte Äußerung aus einem Brief an Zelter vom Juli 1827, in dem der Dichter ein Erlebnis im thüringischen Berka Revue passieren lässt: „Wohl erinnere ich mich [...] an den guten Organisten von Berka; denn dort war mir zuerst, bei vollkommener Gemütsruhe und ohne äußere Zerstreuung, ein Begriff von Eurem Großmeister [Bach] geworden. Ich sprach's aus: als wenn die ewige Harmonie sich mit sich selbst unterhielte, wie sich's etwa in Gottes Busen, kurz vor der Weltschöpfung, möchte zugetragen haben.[37] So bewegte sich's auch in meinem Innern und es war mir als wenn ich weder Ohren, am wenigsten Augen [!], und weiter keine übrigen Sinne besäße noch brauchte."[38]

Joseph Müller-Blattau bezeichnet dies als „Goethes Fazit seiner Bemühung um das Verstehen von Johann Sebastian Bachs Musik"[39] – dem wollen wir uns anschließen.

---

[36] Vgl. Schmierer, Komponisten-Porträts, S. 83/84.

[37] Man fühlt sich an Beethovens Ausspruch erinnert: „Nicht Bach, Meer sollte er heißen!"

[38] Müller-Blattau, Goethe und die Meister der Musik, S. 15.

[39] Ebd.

Goethe mit der Musik des 1750 verstorbenen Bach vertraut zu machen, ist jedoch längst nicht Zelters einziger Verdienst: Seitdem sie 1799 in Kontakt getreten waren[40], schärfte er den musikalischen Sachverstand des Dichterfürsten im Allgemeinen. So diskutierten sie 1808 etwa über komplexe Probleme der Akustik, über die Unterschiede zwischen Dur und Moll[41] etc.[42] Außerdem machte Zelter seinen Freund mit dem schon genannten Felix Mendelssohn, seinem heute sicher bekanntesten Zögling[43], vertraut.

Karl Friedrich Zelter (Gemälde von Carl Joseph Begas, 1827), der mit Goethe bis zu dessen Tod in Briefkontakt stand, beriet den Dichter in allerlei musikalischen Fragen.

Am 4. Oktober 1821 spielte Mendelssohn Goethe sodann zum ersten Mal in Weimar vor: „Der damals zwölfjährige [!] Knabe versetzte den alten Dichter durch sein Spiel in

[40] Vgl. Wilpert, Goethe-Lexikon, S. 1215.
[41] Goethe war der Ansicht, Dur treibe zum Objekt, Moll zum Subjekt.
[42] Vgl. Abert, Goethe und die Musik, S. 43/44.
[43] Weitere Schüler Zelters waren z.B. Giacomo Meyerbeer, Otto Nicolai oder Mendelssohns Schwester Fanny.

helle Begeisterung und ließ sich auch als Komponist[44] hören. Kein Wunder, daß in Goethes Seele die Erinnerung an den siebenjährigen Mozart [...] aufmachte [sic!]. Mendelssohn hat seinen Besuch noch dreimal, 1822, 1825 und 1830, wiederholt und sich jedesmal ausgiebig auf dem Flügel hören lassen."[45]

Diese Besuche waren für den Werdegang des heranwachsenden Mendelssohn ebenso wichtig wie für den alternden Goethe. Ein Brief vom 3. Juni 1830 an Zelter belegt das – und zeigt sich aussagekräftig im Bezug auf das Musikverständnis des Dichters: „Mir war seine [Felix'] Gegenwart besonders wohltätig, da ich fand, mein Verhältnis zur Musik sei immer noch dasselbe; ich höre sie mit Vergnügen, Anteil und Nachdenken [...]. Dazu war denn die Hauptsache, daß Felix auch diesen Stufengang recht löblich einsieht und glücklicherweise sein gutes Gedächtnis ihm Musterstücke aller Art nach Belieben vorführt. Von der Bachischen Epoche heran hat er mir wieder Haydn, Mozart und Gluck zum Leben gebracht; von den großen neueren Technikern [Virtuosen] hinreichende Begriffe gegeben [...]."[46]

Ein Glücksfall also, dass der junge Mendelssohn seinem 60 Jahre älteren Zuhörer jene Werke (wieder) näherbrachte, mit denen er ohnehin am meisten anfangen konnte. Interessant auch – so viel sei zum obigen Brief noch gesagt –, dass Goethe auf Christoph Willibald Gluck zu sprechen kommt: Den italienischen Massenproduktionen der Opera seria und Opera buffa, welche er auf seiner Italienreise sozusagen nebensächlich kennenlernte, stand er Zeit seines Lebens ablehnend gegenüber[47]; aufgesetzte Virtuosität und besonders die überaus dürftigen, steifen Handlungen waren ihm fremd. Den Opernreformator Gluck jedoch schätzte er als

---

[44] 1821 hatte Mendelssohn bereits seine erste Violinsonate, das erste Klaviertrio, etliche Werke für Klavier solo und eine Komische Oper namens *Die Soldatenliebschaft* komponiert.

[45] Abert, Goethe und die Musik, S. 45.

[46] Ebd., S. 45/46.

[47] Vgl. ebd., S. 23/24.

Musikdramatiker, der „allgemeine Menschheitsideen und elementare Gefühlskontraste“[48] zurück auf die Bühne brachte.

Mendelssohn indes war bei weitem nicht der einzige musikalisch prominente Besucher. Gegen Lebensende statteten dem ruhmreichen Dichter noch zahllose weitere Musikerpersönlichkeiten einen Besuch ab: Die polnische Pianistin Maria Szymanowska, welche Goethe wohl nicht nur musikalisch anhimmelte, der Dirigent Ferdinand Hiller, Klaviervirtuosen wie Johann Nepomuk Hummel[49] und Adolph Henselt, der Opernkomponist Gaspare Spontini, der „Teufelsgeiger“ Niccolò Paganini, die Sängerinnen Henriette Sonntag und Anna Milder-Hauptmann[50] sowie Friedrich Wieck mit seiner Tochter Clara, der späteren Gattin Robert Schumanns.[51]

Diese zahllosen Stippvisiten – heute würde man vermutlich von einem „Meet-and-Greet“ sprechen – hatten natürlich keinen sonderlichen Tiefgang, sie bezeugen aber zumindest das besondere Interesse von Musikern an der Person Goethes (und andersherum). Gegenüber etlichen neuen Erscheinungen am Komponistenhimmel – das muss zum Schluss dieses Kapitels noch gesagt werden – *behielt* der Dichter jedoch eine große Skepsis oder gar tiefe Abneigung. Als er 1828 beispielsweise die *Huit Scènes de Faust*[52] eines gewissen Hector Berlioz zugeschickt bekam, reagierte er mit Ignoranz – wohl auch, weil Zelter bereits im Vorfeld darüber „ein äußerst abfälliges Urteil“[53] ausgesprochen hatte. Ebenso verhielt es sich mit den Werken Franz Schuberts.

---

[48] Abert, Goethe und die Musik, S. 83.

[49] Hummel war ein Klavierschüler Mozarts gewesen und hatte lange Jahre das Amt des Weimarer Hofkapellmeisters inne. Er war Mitglied derselben Freimaurerloge wie Goethe.

[50] Beide sangen Sopranpartien bei Uraufführungen Beethoven'scher Werke.

[51] Vgl. Abert, Goethe und die Musik, S. 45.

[52] Dieser Entwurf zu einer Schauspielmusik ist nicht zu verwechseln mit Berlioz' später entstandener Quasi-Oper *La damnation de Faust* (*Fausts Verdammnis)*, die bis heute auf den Spielplänen steht.

[53] Abert, Goethe und die Musik, S. 43.

Kaum ein anderer Komponist der Musikgeschichte vertonte derart viele Goethe-Gedichte. Eine Widmungsanfrage des Wiener Tonsetzers, der u.a. seine Vertonungen von *Gretchen am Spinnrade* und dem *Heidenröslein* beigelegt waren, schickte der Geheimrat jedoch kommentarlos zurück.[54] Für die durchweg romantische Klangsprache der Lieder Schuberts war Goethe einfach nicht mehr aufnahmefähig, denn sie „widersprechen dem Einfachheitsideal der zeitgenössischen Liedästhetik und [...] werden durch komplexe Harmonik, Integration von Idiomen der Instrumentalmusik [...] und einem neuen Verhältnis zwischen Text und Musik bestimmt, indem das Gedicht durch die Komposition insgesamt interpretiert wird statt nur durch das Ausmalen von einzelnen Textworten“[55]. Mit Goethes einstweiliger Forderung, die Musik müsse die Dichtung lediglich *heben* wie Gas einen Ballon[56], hat dies nichts mehr zu tun.

Gegenüber einigen angehenden Literaten verhielt Goethe sich bekanntermaßen ähnlich: Hölderlin und Kleist, die ihm ebenfalls Werke zwecks einer eventuellen Widmung oder Aufführung zusandten, ließ der Dichterfürst gleichfalls „abblitzen“. Als 1749 Geborenem, der schon etliche Epochen durchlebt hatte, waren sie ihm schlichtweg zu fremd, zu „extrem“, als dass er sich im hohen Alter noch für sie hätte begeistern können. So lässt sich Goethes Antwortbrief an Kleist – immerhin verfasste er überhaupt einen solchen – auch auf sein Verhältnis zu den Gedichtvertonungen Schuberts übertragen: „Mit der Penthesilea[57] kann ich mich noch [!] nicht befreunden. Sie ist aus einem so wunderbaren Geschlecht und bewegt sich in einer so fremden Region daß ich mir Zeit nehmen muß mich in beide zu finden.“[58] Derart diplomatisch konnte nur Goethe eine Absage erteilen.

---

[54] Vgl. Korff, Franz Schubert, S. 48.
[55] Schmierer, Komponisten-Porträts, S. 145.
[56] Vgl. Michels, dtv-Atlas Musik, S. 361.
[57] Kleists bis heute viel diskutiertes Drama um die gleichnamige Amazonenkönigin entstand 1808 und wurde nach Goethes Ablehnung erst 1876 in Berlin uraufgeführt.
[58] Safranski, Goethe, S. 512.

Als der Dichterfürst im Mai 1832 schließlich starb, war Schubert bereits fünf Jahre tot und die musikalische Romantik längst in vollem Gange: Schon 1830 war Berlioz' *Symphonie fantastique* erschienen, 1834/35 schrieb Schumann den *Carnaval* und 1839 vollendete Chopin seine zweite Klaviersonate mit dem berühmten Trauermarsch.[59] Weder Goethe noch Zelter bekamen davon noch irgend etwas mit – wahrscheinlich ein Segen.

(1.2) **Beethoven und die Literatur – Von Lieblingsdichtern und Lektüreplänen**

Beethoven erlebte aus *literarischer* Sicht eine durchaus wilde Jugend, fällt doch sein Geburtsjahr 1770[60] in die Anfangsphase des Sturm und Drang, jener Strömung also, die sich „gegen alle Regeln [wendet] und [...] wilde junge Männer [...] auf der Suche nach einer anderen Lebensweise [schildert], die vom ‚echten' Gefühl statt vom ‚kalten' Verstand geprägt ist, von der Freiheit des Individuums statt von einengenden gesellschaftlichen Normen [...]"[61]. In diesem Sinne sollte vier Jahre später, 1774, Goethes Generationen prägender Briefroman *Die Leiden des jungen Werthers* erscheinen, sechs Jahre später Friedrich Maximilian Klingers rabiates Trauerspiel *Die Zwillinge* uraufgeführt werden. Parallel lief die ältere Epoche der Empfindsamkeit, welcher u.a. Lessings Bürgerliche Trauerspiele zuzurechnen sind[62], gewissermaßen weiter.
Speziell jedoch mit den Werken Friedrich Schillers geriet Ludwig verhältnismäßig früh in Kontakt, denn dessen Dra-

[59] Vgl. Schmierer, Komponisten-Porträts, S. 159, 165 und 169.
[60] Man bedenke, was aus den Schriftstellern dieser Generation wurde: Der schwärmerische Friedrich Hölderlin wurde ebenfalls 1770 geboren; Novalis, der mit seiner symbolhaften *Blauen Blume* die literarische Romantik einläutete, 1772; und Ludwig Tieck, der dieser Epoche bereits völlig zuzuordnen ist, 1773.
[61] Lehnert, Europäische Literatur, S. 92.
[62] Die *Emilia Galotti* wurde bspw. im März 1772 uraufgeführt.

men gehörten zum Repertoire der Großmann'schen Schauspieltruppe[63], welche einen maßgeblichen Anteil an der Eröffnung des Bonner Nationaltheaters am 26. November 1778 hatte. Zu diesem Ereignis hatte ein Minister des Kurfürsten, der Kunstbeflissene Kaspar Anton von Belderbusch, welcher leider schon 1784 versterben sollte, voller Idealismus verkündet, von nun an die „deutsche Schauspielkunst zu einer Sittenschule für das deutsche Volk zu erheben"[64]. Just diesem hohen künstlerischen Anspruch ist es zu verdanken, dass Schillers in der Einleitung schon erwähnte *Räuber* bereits in der Spielzeit 1782/83 dem Bonner Publikum gezeigt werden konnten[65], obwohl sie erst im Januar 1782 im Mannheimer Nationaltheater uraufgeführt worden waren. Auch *Die Verschwörung des Fiesco zu Genua*, Schillers zweites Drama, fand im freigeistigen Bonn großen Anklang – während es in vielen anderen deutschen Städten auf Ablehnung stieß.[66] Darüber hinaus wurden Molière, Goldoni, Lessing, sogar Voltaire und Beaumarchais[67] gegeben.[68]
Die Bonner Universität, an der Beethoven seit 1789 eingeschrieben war[69], brachte ihre Studenten unterdessen mit wichtigen Geistesgrößen der Aufklärung in Kontakt. Ein Professor namens Elias van der Schüren hielt z.B. Vorlesungen über die Philosophie Immanuel Kants, den ja auch Schiller verehrte und 1791-94 intensiv auszulegen versuchte.[70] Bartholomäus Ludwig Fischenich wiederum, ein persönlicher Freund Schillers, lehrte in Bonn ab 1792

---

[63] Benannt nach dem Schauspieler und Theaterautor Gustav Friedrich Großmann (1746-1796).
[64] Schmidt-Mühlisch, Bonner Nationaltheater.
[65] Vgl. Geck, Ludwig van Beethoven, S. 22.
[66] Vgl. Caeyers, Beethoven, S. 97.
[67] Pierre-Augustin de Beaumarchais' Komödie *Der tolle Tag oder Figaros Hochzeit* bildete die skandalträchtige Textvorlage für Mozarts berühmte Oper aus dem Jahr 1786.
[68] Vgl. Caeyers, Beethoven, S. 96.
[69] Zuvor war Beethoven bereits zum Mitglied der Bonner Hofkapelle (1783) und zum Hoforganisten (1784) ernannt worden.
[70] Vgl. Kluckert, Friedrich Schiller, 106/07.

Griechische Literatur, Natur- und Menschenrecht. Dabei soll er gelegentlich Balladen des *Räuber*-Autoren vorgetragen haben.[71]

Man muss es sich folgendermaßen vorstellen: Der junge Beethoven, von Haus aus sicherlich so gut wie gar nicht mit Literatur vertraut, da sein Vater Johann bekanntlich schon früh den allumfassenden Spleen hegte, seinen Sohn zu einem *musikalischen* Wunderkind zu dressieren, erfuhr nun durch das Hoftheater und die erstaunlich weltoffene Bonner Universität die Wirkung lyrischer, dramatischer und philosophischer Texte. Ein Wunder eigentlich, dass er sich, wenigstens dem Vater zum Trotz, nicht von der Tonkunst ab- und der Dichtkunst zuwandte. Sei's drum.

Die literarischen Erfahrungen des jungen Beethoven waren jedenfalls zusammenfassend der Aufklärung, dem – literaturgeschichtlich eigentlich etwas verspäteten – Sturm und Drang Schillers sowie Rousseau und den (ursprünglichen) Idealen der Französischen Revolution geschuldet.[72] Letzteres lag wohl insbesondere an einem gewissen Eulogius Schneider, welcher, bezeichnenderweise im Jahre 1789, Professor für Ästhetik an der Bonner Universität wurde.[73] Als säkularisiertes Ordensmitglied der Franziskaner, späterer Freimaurer und Jakobiner vertrat er das republikanische Gedankengut bald weitaus radikaler als schöngeistige Zeitgenossen[74] wie Klopstock, Goethe oder Schiller, welche ihre anfängliche Begeisterung schnell und entschieden zurücknahmen als sich nach dem französischen Umsturz eine terroristische Schreckensherrschaft abzuzeichnen begann.[75]

Schneider tat sich außerdem selbst als politischer Dichter hervor. Einige Zeilen aus einer 1790 publizierten Sammlung sprechen für sich: „Gefallen ist des Despotismus Kette, /

---

[71] Vgl. Geck, Ludwig van Beethoven, S. 22.

[72] Vgl. ebd., S. 24.

[73] Vgl. ebd., S. 23.

[74] Vgl. ebd.

[75] Siehe bspw. Schillers Briefe *Über die ästhetische Erziehung des Menschen* oder Goethes *Unterhaltungen deutscher Ausgewanderten.*

Beglücktes Volk! Von deiner Hand: / Des Fürsten Thron ward dir zur Freiheitsstätte, / Das Königreich zum Vaterland.“[76]

Ebenso bezeichnend erscheint sodann, dass Schneider nach zahlreichen „aufklärerischen Tätigkeiten“ im Frühjahr 1794 in Paris hingerichtet wurde. Die Revolution fraß eben ihre eigenen Kinder.

Beethovens Identifizierung mit derart aufwieglerischen Schriften wie dem vorangehend zitierten Gedicht sollte man allerdings auch nicht überbewerten. Er war ein Kind seiner Zeit und mäßigte sich im realen Leben, zumindest später, ebenso wie es Schiller tun musste. Schon aus rein praktischen – will sagen: finanziellen – Gründen war dies nötig. So komponierte Beethoven z.B. schon im März 1790 (nach seiner ersten Wien-Reise zu Mozart) eine *Trauerkantate auf den Tod Josephs II.*[77] und noch im gleichen Jahr eine *Kantate zur Erhebung Leopolds II. zur Kaiserwürde*. Auch später war er sich keinesfalls zu schade, halbwegs gelungene (patriotische) Texte zugunsten eines prestigeträchtigen Auftrags zu vertonen.[78]

Die Begeisterung für Schiller behielt Beethoven jedenfalls auch in Wien – Skizzenblätter belegen beispielsweise seine unentwegte Auseinandersetzung mit der *Ode an die Freude*.[79] Jan Caeyers zufolge „verdankt er Schillers Dramen vielleicht [sogar] mehr Verständnis für das Wesentliche seiner Kunst als den Sinfonien von Dittersdorf und Konsorten“[80]. Martin Geck wiederum sieht ferner eine Parallele zwischen Beethovens berühmtem Schicksalsmotiv aus der *Fünften* und Schillers *Wallenstein*-Trilogie: „„Es geschehen

---

[76] Geck, Ludwig van Beethoven, S. 23.

[77] Der reformfreudige Kaiser Joseph II. (Regierungszeit 1765-90), ein älterer Bruder des Bonner Kurfürsten Maximilian Franz, starb am 20. Februar 1790. Er war ein langjähriger Förderer Mozarts gewesen und hatte Goethe 1782 in den Adelsstand erhoben.

[78] Etwa 1814 in der Kantate *Der glorreiche Augenblick* zur Eröffnung des Wiener Kongresses.

[79] Vgl. Geck, Ludwig van Beethoven, S. 130.

[80] Caeyers, Beethoven, S. 97.

Schläge an der Tür', lautet eine Szenenbemerkung in ‚Wallensteins Tod'. [...] Das Pochen des Unglücksboten leitet die Peripetie des Schiller'schen Dramas ein; es ‚geschieht' etwas mit Wallenstein, das ihn in die Katastrophe zwingt. [...] Der Kampf einer großen Seele mit dem Schicksal – das könnte durchaus [auch] die Botschaft des ersten Satzes der Fünften sein."[81]
Gleichermaßen ausgeprägt blieb auch Beethovens Vorliebe für Goethe, dessen Werke zur Bonner Jugendzeit schon viel rezipiert wurden. So vertonte er an die 20 Gedichte des Dichterfürsten.[82] Am bekanntesten sind davon heute z.B. die Lieder *Marmotte* (op. 52 Nr. 7), dem Schwank *Jahrmarktsfest zu Plundersweilern* entnommen, das *Flohlied* (op. 75 Nr. 3), welchem ein entsprechender Gesang Mephistos aus dem *Faust* zugrunde liegt, *Wonne der Wehmut* (op. 83 Nr. 1) oder *Sehnsucht* (op. 83 Nr. 2), die auf frühe gleichnamige Gedichte zurückgehen. Was vielen dagegen unbekannt ist: Nicht nur Schubert, sondern auch Beethoven lieferte eine Vertonung des *Erlkönig* (im Werkverzeichnis unter der schmählichen Nummer WoO 131 eingetragen), die jener des ersteren an Temperament und Eindringlichkeit in nichts nachsteht.
Welche Rolle spielte die Literatur aber abgesehen von den beiden Weimarer „Klassikern" im Leben und Schaffen Beethovens? Nach einer Aussage des Musikschriftstellers Friedrich Rochlitz (1769-1842) urteilte er über Dichtung wie ein aufmerksamer Liebhaber. „Seine Metaphern schlugen sogleich ins Musikalische um: treffend und aufrichtig zugleich."[83] Bezüglich seiner Liedvertonungen „erfaßt [er] eine auffallend breite Literaturszene seiner Zeit [...]. Eine größere Zahl von Texten stammt von [...] ‚vorklassischen' Dichtern: Lessing, Bürger und Hölty, die um 1795 bereits tot sind; einer noch früheren Generation gehört Christian

[81] Geck, Ludwig van Beethoven, S. 99/100.
[82] Genau 23 sollen es sein; Mendelssohn brachte es auf 17, Schubert auf 64, Zelter auf 92 Vertonungen – nur einmal der Statistik halber.
[83] Kaiser, Beethovens Sprache und Belesenheit, S. 14.

Fürchtegott Gellert an, von dem Beethoven vor 1802 sechs Gedichte vertont (op. 48).[84] Mit Matthias Claudius [...] öffnet sich der Kreis zur Gegenwart hin [...].“[85]
Daneben verweist die Beethoven-Forschung häufig auf den Dramatiker Shakespeare. Vor allem im Rahmen der bahnbrechenden *Sturm-Sonate* (op. 31 Nr. 2) aus dem Jahr 1802. Deren kompositorische Anlage hat Beethovens Privatsekretär Anton Schindler nicht verstanden und deswegen um eine Erklärung gebeten, worauf ihm der Komponist geantwortet haben soll: „Lesen Sie Shakespeares Sturm!“[86] Eine überaus rätselhafte, orakelartige Antwort – so vieldeutig wie *The Tempest* selbst[87] –, die aber weiterhin leider nicht belegt ist. Um eine werkorientierte Analyse dieses Beethoven'schen Shakespeare-Verweises soll es hier allerdings ebenso wenig gehen wie im vorherigen Kapitel um sprachwissenschaftliche Aspekte. Vielmehr sollen zunächst weitere, biographisch verbürgte Bezugnahmen auf den Autor von *Hamlet*, *Macbeth* & Co. dargelegt werden.
Laut Konrad Küster war die deutschsprachige „Shakespeare-Renaissance [...] weit genug fortgeschritten, [als] daß Beethoven mit den Drameninhalten [...] frei hätte operieren können. Sein Freund Karl Amenda [u.a. ein Violinist] berichtet entsprechend, daß Beethoven ihn gefragt habe, welche Assoziationen er beim Anhören des Streichquartetts op. 18 Nr. 1 gehabt habe – am Schluß des langsamen Satzes. Er, Amenda, habe darauf geantwortet: ‚Es hat mir [...] den Abschied zweier Liebenden geschildert. Wohl, entgegnete Beethoven, ich habe mir dabei die Szene aus dem Grabgewölbe aus Romeo und Julia gedacht.‘“[88] Der genannte Quartettsatz, bezeichnenderweise mit „Adagio affettuoso ed

[84] Als bekannteste Vertonung dieser überaus religiös anmutenden Gedichte ist sicherlich *Die Ehre Gottes aus der Natur* (op. 48 Nr. 4) mit der Anfangszeile „Die Himmel rühmen des Ewigen Ehre“ anzusehen.
[85] Küster, Beethoven, S. 91.
[86] Ebd., S. 164.
[87] Der deutsche Untertitel „Zauberlustspiel“ (Schlegel) deutet auf diese Eigenschaft hin.
[88] Küster, Beethoven, S. 164.

appassionato“[89] übertitelt, stellt sich demnach als weitere (noch frühere) kompositorische Referenz an Shakespeare heraus. Aus sozusagen nicht-kompositonsgebundener Sicht erweist sich ein Brief Beethovens als außerordentlich interessant, den er Ende April 1810 an seine Freundin und Schülerin Therese Malfatti schrieb. Darin heißt es gegen Ende, mit einer gewissen Selbstverständlichkeit: „Haben Sie Goethes Wilhelm Meister gelesen? den [sic!] von Schlegel übersetzten Shakespeare?[90] Auf dem Lande hat man so viele Muße; es wird Ihnen vielleicht angenehm sein, wenn ich Ihnen diese Werke schicke.“[91] Solche von enormer Belesenheit zeugenden Worte wären von Komponisten wie Händel, Haydn und Mozart unvorstellbar – suchten diese doch allenfalls nach geeigneten *Libretti* für ihre Vokalwerke.[92]
Küster hat jedenfalls Recht, wenn er behauptet, die Shakespeare-Renaissance sei zu Beethovens Lebzeiten bereits weit genug fortgeschritten gewesen – zumindest die des Tragödienautors Shakespeare. *Macbeth* beabsichtigte Beethoven zeitweise sogar als Oper zu vertonen.[93] Daraus wurde zwar nichts, aber die Entwürfe für die geplante „Hexenmusik“ verarbeitete er letztlich im bekannten langsamen Satz des *Geistertrios* (op. 70 Nr. 1).[94]
Nun ist man möglicherweise versucht, diverse weitere Werke des Komponisten in ihrer dramatischen Gestaltung auf Stücke des Engländers zu beziehen.[95] Um ein Abrutschen in hypothetische Vergleichsmuster aber zu vermeiden, suchen wir nach weiteren literarischen Persönlichkeiten, die Beethoven inspirierten oder umgekehrt.

---

[89] Auf Deutsch so viel wie „Herzerschütternd leidenschaftliches Adagio“.
[90] August Wilhelm Schlegel (1767-1845) initiierte 1796/97 die nach Wieland erste deutschsprachige Shakespeare-Übersetzung, welche bis 1810 in neun Bänden erschien.
[91] Beethovens Briefe, S. 23.
[92] Vgl. Kaiser, Sprache und Belesenheit Beethovens, S. 13.
[93] Vgl. Caeyers, Beethoven, S. 527.
[94] Vgl. ebd., S. 528.
[95] Schon Berlioz und Nietzsche (!) waren nahezu verzückt von der Idee, Beethoven neben Shakespeare zu stellen.

Wenn man einem Brief des Komponisten an den Leipziger Verleger Gottfried Christoph Härtel Glauben schenkt, waren Homer, Ossian (d.h. James Macpherson)[96], Klopstock, Schiller und Goethe seine „Lieblingsdichter“[97] (Shakespeare sei hier der Vollständigkeit halber einfach zu ergänzen). Fest steht allerdings, dass der Komponist im Rahmen von Auftragsarbeiten auch etliche Stücke oder zumindest einzelne Verse anderer, weitaus konventionellerer Literaten vertonte, die heute kaum mehr geläufig sind. Allen voran August von Kotzebue (1761-1819), ein zu Beginn des 19. Jahrhunderts ungemein populärer „Modedichter“, dessen Festspiele *Die Ruinen von Athen* und *König Stephan* Grundlage waren für Beethovens 1811/12 komponierte Schauspielmusiken mit den Opusnummern 113 bzw. 117 – beide ihrer Zeit große Erfolge beim Publikum.[98]

Außerdem muss Heinrich Joseph von Collin (1771-1811) genannt werden, dessen grob an Shakespeare angelehntes Drama *Coriolan* Beethoven zu Beginn des Jahres 1807 in einer meisterhaften Ouvertüre (in c-Moll) vertont hatte. Ausgerechnet Goethe hatte schon nach Erscheinen von Collins erstem Drama *Regulus* in einer Rezension die literarische Kurzlebigkeit des Verfassers vorausgesagt[99] – und wie sooft Recht behalten. Beethovens Komposition *erhebt* sich jedoch über ihre textliche Vorlage um den römischen Feldherren Coriolanus; stellt sie doch die chronologisch erste von seinen eigenständigen, dramatisch höchst verdichteten Konzertouvertüren dar – jener Gattung, die *Mendelssohn* den Weg ebnete[100] und später Franz Liszt zur Entwicklung der Sinfonischen Dichtung führte.

---

[96] Der Schotte Macpherson (1736-1796) verfasste in den 1760er Jahren zahlreiche Gedichte, die er als Werke des gälischen Barden *Ossian* ausgab.

[97] Vgl. Müller-Blattau, Goethe und die Meister der Musik, S. 46.

[98] Heutzutage erklingen allenfalls die beiden Ouvertüren oder einzelne Instrumentalnummern wie der *Türkische Marsch* im Konzertsaal – ein Beleg für die Zeitgebundenheit von Koetzebues Textvorlage.

[99] Vgl. Wilpert, Goethe-Lexikon, S. 189.

[100] Die ersten programmatischen Konzertouvertüren Mendelssohns entstanden um Beethovens Todesjahr herum (1826, 1828 und 1830).

Das Komponistenlexikon Alfred Baumgartners beschreibt das Werk inhaltlich und kompositorisch folgendermaßen: „Die als sinfonisches Tongemälde [!] angelegte Ouvertüre schildert den Kampf der Plebejer gegen die Patrizier des alten Rom, den Gewissenskonflikt des zum Vaterlandsverräter gewordenen Coriolan [...]. Das Kopfthema charakterisiert den Helden, das kantable zweite Thema drückt die Bitte der patriotischen Mutter aus, die ihn zurückhalten will. Das Ende zeichnet den [...] Untergang Coriolans."[101] Ein reibungsvoller dramatischer Stoff also – trotz etwaiger *sprachlicher* Mängel wie geschaffen für eine Vertonung Beethovens.

In Kotzebue und Collin durchaus ähnlichen literarischen Gefilden bewegten sich des Weiteren zwei (heute völlig unbeachtete) Theaterautoren, die insbesondere beim Wiener Publikum zwischen 1810 und 1820 überaus beliebt waren und auch von Beethoven gelesen wurden[102]: Zacharias Werner (1768-1823) und Adolph Müllner (1774-1829). Konkret ist die Rede von einem speziellen Bühnengenre, welches die beiden begründeten und bekannt machten, der sogenannten Schicksalstragödie. In einer solchen sehen sich die Figuren nicht etwa einem göttlichen Schicksal ausgeliefert, wie noch in der barocken Tragödienvariante, sondern stehen einem – im romantischen Sinne – „schaurigen" Geschehen gegenüber. Ein (recht süffisant wiedergegebenes) Beispiel: Werners Schauspiel *Der 24. Februar*, „in dessen einzigem Akt der Großvater mit einem Fluch von hinnen scheidet, der Bruder seine Schwester ermordet und die Eltern irrtümlich den Sohn ums Leben bringen"[103]. Man sieht: Die überzogenen, oft an historische Sujets angelehnten Werke Werners und Müllners sollten das Publikum vielmehr „unterhalten" statt es im aristotelischen Sinne zu „erschüttern".

All diese literarischen Erfahrungen und Verarbeitungen – von Schiller, Gellert, Shakespeare & Co. bis hin zu zeitge-

---

[101] Baumgartner, Die Komponisten, S. 255.
[102] Vgl. Geck, Ludwig van Beethoven, S. 113.
[103] Arpe, Knaurs Schauspielführer, S. 191/92.

nössischen Theaterproduktionen – finden sich auch in Beethovens zahlreichen Privataufzeichnungen und Skizzenblättern wieder. Diese wiederum dürfen inzwischen selbst als ein Stück autobiographischer Literaturgeschichte gewertet werden, denn was „im Tagebuch und in den Konversationsheften als Gedankengut Beethovens dokumentiert ist, stellt keineswegs eine Feierabendphilosophie dar, spiegelt vielmehr seine Welt, die [...] in hohem Maß eine Welt des Geistes und der Ideen ist“[104].

Wie kaum ein Musiker zuvor strebte Beethoven danach, jedwede geistesgeschichtliche Strömung aufzufassen und das für *ihn* Essenzielle weiterzuverarbeiten. Demnach soll er verschiedenste Idole als Stellvertreter einer bestimmten Epoche oder Geisteshaltung verehrt haben: Sokrates für die sittenstrenge antike Ernsthaftigkeit, Jesus für die christliche Lehre der Nächstenliebe, Kant[105] und Herder schließlich für den Vernunftglauben der Aufklärung.[106] Ebenso finden sich die Namen Homer (d.h. in erster Linie die *Odyssee*), Plutarch oder die drei großen griechischen Tragiker Aischylos, Sophokles und Euripides in seinen Aufzeichnungen[107] – teils in Form von bloßen Abschriften einzelner Sentenzen, teils in Kombination mit pragmatischen eigenen Kommentaren.

Im Kapitel über die gemeinsame *Naturauffassung* Goethes und Beethovens werden weitere Namen von Literaten und Philosophen fallen, die das Weltbild des Komponisten mitgeprägt haben. Dieses Kapitel soll nun jedoch abgeschlossen werden mit einem Auszug aus Franz Grillparzers Grabrede für Beethoven, die ein Schauspieler des Burgtheaters während der Beisetzung des Komponisten am 29. März 1827 vortrug: „[...] der letzte Meister des tönenden Liedes, der Tonkunst holder Mund, der Erbe und Erweiterer von Händel und Bachs, von Hayden [sic!] und Mozarts unsterblichem

[104] Geck, Ludwig van Beethoven, S. 114/15.

[105] Wie bei den meisten Zeitgenossen blieben Beethovens Kenntnisse der kantischen Philosophie jedoch recht oberflächlich.

[106] Vgl. Geck, Ludwig van Beethoven, S. 113.

[107] Vgl. ebd.

Ruhm hat ausgelebt, und wir stehen weinend an den zerrissenen Saiten des verklungenen Spiels. [...] Der nach ihm kommt, wird nicht fortsetzen, er wird anfangen müssen, denn sein Vorgänger hörte nur auf, wo die Kunst aufhört. [...] Muse des Liedes und des Saitenspiels! Stellt euch rings um sein Grab und bestreut's mit Lorbeern!"[108]
Hier wird die Perspektive einmal umgekehrt: Ein prosaischer Text des bedeutendsten österreichischen Dramatikers[109], der sich, wenn auch voller dichterischem Pathos, den musikalischen Errungenschaften und der Person Beethovens widmet – Goethe ist bei weitem häufiger vertont worden als Beethoven literarisiert.

Gemeinsame Idole und die wichtigsten Bezugspunkte zur jeweils anderen Kunstform: Wolfgang Amadeus Mozart (Porträt von Johann Georg Edlinger, um 1790) und Friedrich Schiller (Gemälde von Anton Graff aus den Jahren 1786-91).

[108] Grillparzer, Rede am Grabe Beethovens.
[109] Grillparzer war 1823 zwecks eines geplanten Opernprojektes (*Melusine*) persönlich mit Beethoven in Kontakt getreten; das Vorhaben wurde jedoch nicht realisiert – vermutlich wegen Unstimmigkeiten über die Textvorlage.

(2) Gemeinsame Ideale im Œuvre

(2.1) **Kunst als autonomer Zufluchtsort**

Bevor Goethe und Beethoven in persona gegenübergestellt werden, sollen in diesem zweiten Kapitel Parallelen zwischen Entstehungsbedingungen und Gestaltungsweisen einiger exemplarischer Werke dargelegt, sowie gemeinsame Inspirationsquellen und Arbeitsmethoden veranschaulicht werden. Wie nähert man sich aber, auf einen Vergleich abzielend, dem Schaffen zweier „Giganten"? Indem man zunächst grundsätzliche Gemeinsamkeiten aufzeigt. In seiner Beethoven-Biographie weist Martin Geck auf eine solche hin: „Können und wollen Goethe und Schiller Dramen nicht am laufenden Band produzieren, weil sie keine genormte Bühnenunterhaltung nach Art des Modedichters [...] Kotzebue[110] bieten, ihre Helden vielmehr als unverwechselbare Charaktere modellieren wollen, so liegt es dem Tondichter Beethoven fern, auf Bestellung eine Sinfonie nach der anderen zu komponieren. Auch er versteht seine Tätigkeit als das konzentrierte Formulieren von Gedanken [...]."[111]

Um gewissen Einwänden zuvorzukommen: Diese Parallele ließe sich natürlich genauso an Goethes Romanen oder Gedichtzyklen festmachen; andersherum genauso an Beethovens 32 Klaviersonaten oder seinen 16 Streichquartetten – jedes Werk ein Unikum. Der Vergleich zwischen der literarischen Gestalt des Dramas und der musikalischen Gattung der Sinfonie erscheint jedoch im Bezug auf Goethe und Beethoven schon rein zahlenmäßig am plausibelsten. Zwar verfasste der Dichter nicht exakt neun Werke fürs Theater, seine neun *wichtigsten* aber lassen sich als Ideenkunstwerke wunderbar den neun Sinfonien Beethovens gegenüberstellen[112]: *Götz von Berlichingen*, *Die Mitschuldigen*, *Cla-*

[110] Siehe S. 33.
[111] Geck, Ludwig van Beethoven, S. 93.
[112] Ausgenommen sind Werke aus früher Jugend, bloße Bearbeitungen anderer Autoren und völlig zeitgemäße Auftragsarbeiten wie Sing- und Lustspiele (vor allem für den Weimarer Hof).

vigo, *Stella*, *Iphigenie auf Tauris*, *Egmont*, *Torquato Tasso*, *Faust I* und *Faust II* (sortiert nach ihrer Entstehungszeit).[113] Wem diese Konfrontation zu gewagt erscheint, der sehe sich jenes Schema an, das Walter Engelsmann 1931 in seinem Band *Goethe und Beethoven* aufgestellt hat: Hier werden tabellenartig Goethes *Faust* und Beethovens *Neunte* als „Gestaltungspläne“ nebeneinandergereiht und eins zu eins aufeinander bezogen.[114] Ähnlich ging fünf Jahre später der Berliner Professor Arnold Schering vor, indem er Beethovens *Siebte* als Vertonung von *Wilhelm Meisters Lehrjahren*, die *Violinsonate c-Moll op. 30 Nr. 2* als Vertonung der *Leiden des jungen Werthers* und die *Violinsonate G-Dur op. 96* als Vertonung von Goethes Lustspiel *Triumph der Empfindsamkeit* ansah.[115] Eine derartig subjektive Herangehensweise entbehrt jedwedem wissenschaftlichen Anspruch – genauso könnte man, vom bloßen Klangeindruck und entsprechendem Handlungsverlauf ausgehend, Mozarts *g-Moll-Sinfonie* als Vertonung von Schillers *Kabale und Liebe* oder, um vollkommen ins Willkürliche abzugleiten, Schuberts *Unvollendete* als Vertonung von Kleists *Käthchen von Heilbronn* deuten. All dies wäre historisch betrachtet aus der Luft gegriffen – wenn auch reizvoll.

Ausgerechnet jenes Goethe-Stück, dem immer wieder „fehlende Natürlichkeit der Sprache und mangelnde Bühnenwirksamkeit“[116] unterstellt wurde, soll nun den Anfang machen für den ersten, bereits angekündigten, direkten Vergleich zu Beethoven. Die Rede ist von *Iphigenie auf Tauris*. Dieses Schauspiel schrieb Goethe 1779 zwischen Aktenbergen, Protokollen und Soldatenrekrutierungen auf holprigen Dienstreisen.[117] Noch bedeutsamer als diese persönlichen

---

[113] Vgl. Siems, Reclams Schauspielführer, S. 164-79.
[114] Vgl. Engelsmann, Goethe und Beethoven, S. 54/55.
[115] Vgl. Schering, Beethoven und die Dichtung, S. 213-36 und 474-92.
[116] Jeßing, Johann Wolfgang Goethe, S. 65.
[117] Vgl. ebd., S. 64.

Widrigkeiten jedoch: Das „verteufelt humane“[118] Schauspiel, durchzogen von Wahrheit, Reinheit und selbstloser Aufopferung, entsteht in einer Zeit von Hungersnöten und Vorbereitungen für den preußisch-österreichischen Krieg[119], mit denen Goethe als zuständiger Minister in mehr oder minder direkte Berührung geriet. Die Tugendhaftigkeit der weiblichen Hauptfigur, nicht zuletzt eine Liebeserklärung an die mustergültige Form des antiken Dramas, steht also in schärfstem Kontrast zur Lebenswirklichkeit ihres Entstehungsumfeldes. Bei aller Naivität, die Iphigenie als Figur immer wieder vorgeworfen wurde[120], darf man die selbstüberzeugten, emanzipatorischen Elemente nicht außer Acht lassen: Als *Frau* gelingt es ihr, die rituellen Menschenopfer auf der Insel Tauris auszusetzen. Außerdem erkennt sie als Erste den Wahn darin, den Göttern Blutgier zu unterstellen und deswegen regelmäßig Menschen „abzuschlachten“. Schließlich wagt sie es als einzige, dem mächtigen Barbarenkönig Thoas, mit der Wahrheit entgegenzutreten – und wird dafür belohnt. „Hat denn zur unerhörten Tat der Mann / Allein das Recht? Drückt denn Unmögliches / Nur er an die gewaltge Heldenbrust?“[121] Nein, lautet die goethische Antwort: „Der Abgrund des möglichen Grauens schließt sich, die Szenerie der Grausamkeit wird zu einer utopischen Stätte der Humanität.“[122]

Bei aller klassizistischen Formschönheit erweist sich Goethes *Iphigenie* gegenüber der Vorlage des Euripides als hochgradig emotionalisierte und psychologisierte Bühnenfigur, welche sich auf inhaltlicher Ebene über alles Althergebrachte, Menschenunwürdige, Benachteiligende erhebt und somit ihre „Humanisierungsmission“ erfüllt.

---

[118] So bezeichnete Goethe sein Werk später selbst (in einem Brief an Schiller aus dem Jahr 1802).

[119] Vgl. Siems, Reclams Schauspielführer, S. 172.

[120] Verständlicherweise besonders in ihrer Behandlung als Schullektüre.

[121] Goethe, Iphigenie auf Tauris, S. 70.

[122] Safranski, Goethe, S. 262.

Aber nun zu Beethoven. Dieser vollendete im Mai 1809, also 30 Jahre nach dem Beginn von Goethes Arbeit an der *Iphigenie*, sein kraft- wie hingebungsvolles *Klavierkonzert Nr. 5* in der „warmen" Tonart Es-Dur – während die Truppen Napoleons Wien mit Kanonen beschießen. Unter vorstellbar heftigen Ohrenschmerzen suchte er Zuflucht in tiefliegenden Kellergewölben, um ein Werk zu Papier zu bringen, das seinen Beinamen *Emperor*[123], das „Kaiserliche" also, glücklicherweise nicht dem französischen Artilleriefeuer, sondern ganz und gar sich selbst verdankt. Die widrigen Entstehungsbedingungen schildert der Komponist in Briefen an einen Verleger aus dem entfernten Leipzig[124] folgendermaßen: „Welch zerstörendes, wüstes Leben um mich her, nichts als Trommeln, Kanonen, Menschenelend in aller Art [...] wir sind hier in Geldesnot, denn wir brauchen zweimal soviel als sonst [...]"[125]

Der Musik seines Opus 73 merkt man diese durchlebten Qualen nicht im Geringsten an. Wie zum Trotz gegen die napoleonische Belagerung stammt es – und dies sei beileibe nicht esoterisch aufzufassen – aus einer anderen Welt. Der formale Aufbau des Beethoven'schen Werks ist dabei, ähnlich Goethes Schauspiel in fünf Aufzügen, vollkommen klassi(zisti)sch[126]: Drei Sätze, schnell–langsam–schnell, mit einem expressiven Adagio und einem abschließenden Rondo à la Mozart. Beethoven sprengt jedoch die Form durch pompöse, improvisatorische oder virtuose Elemente, durch Passagen, die einzig dem emotionalen Ausdruck ge-

---

[123] Dieser Beiname, der bis heute vorwiegend im anglo-amerikanischen Sprachraum verbreitet ist, geht auf den Wahl-Londoner Johann Baptist Cramer (1771-1858) zurück, in dem Beethoven den größten Pianisten seiner Zeit erkannt haben soll.

[124] Aus historischer Sicht wirkt es in diesem Zusammenhang beinah zynisch, dass Leipzig etwa vier Jahre später ebenfalls Schauplatz einer Schlacht gegen Napoleon werden sollte, der „Völkerschlacht" von 1813.

[125] Küster, Beethoven, S. 262.

[126] Von „Klassizismus" spricht man in der Musikwissenschaft nicht; es sei also im Bezug auf die Wiener Klassik erlaubt, das unglückliche (weil bewertende) Adjektiv „klassisch" zu verwenden.

schuldet sind, und nicht zuletzt durch Längen, die zu Beginn des 19. Jahrhunderts selbst auf den geübtesten Zuhörer strapazierend gewirkt haben müssen: Allein der Kopfsatz umfasst 582 Takte[127], das entspricht beim vorgeschriebenen Tempo einer Spieldauer von gut 20 Minuten. Die frühen und mittleren Sinfonien Haydns und Mozarts kamen mit diesem Umfang noch insgesamt aus.

Freilich treffen diese durch und durch neuartigen Charakteristika auch auf andere Beethoven-Kompositionen zu: Schon sein 1805 niedergeschriebenes *viertes* Klavierkonzert oder das 1806 entstandene *Violinkonzert D-Dur op. 61*[128] übertrafen zeitgenössische Werke an Umfang, elegischem Ausdruck und Pathos. Das *Kaiserkonzert* gilt jedoch zurecht als „Extremum" (und lässt sich hinsichtlich seiner Entstehungsumstände am besten der *Iphigenie* gegenüberstellen.

Das Fazit aus dem vorgenommenen Vergleich, d.h. die Formulierung einer wichtigen gemeinsamen Kunstauffassung Goethes und Beethovens, lautet nun: Kunst wird autonom durch die Erzeugung einer eigenen, einer besseren Welt. Die Desillusionierung der *Realwelt* führt zu einer Idealisierung der *Scheinwelt.* Zu diesem Zweck griffen beide, der Dichter wie der Komponist, auf mustergültige alte Formen zurück, um sich im Rahmen dieser über Vorgänger bzw. Zeitgenossen zu erheben: Die *Iphigenie* tut es in Form einer im edelsten Sinne vorbildlichen Dramenfigur, die ihrer Reinheit mithilfe einer durchweg ästhetisierten (später in Blankverse gebrachten) Sprache Ausdruck verleiht und sich gerade durch ihre Selbstlosigkeit emanzipiert; Beethovens *Emperor-Konzert* wiederum tut es mithilfe bahnbrechender Ausdrucks- und Gestaltungsmittel innerhalb der konventionellen Gattung des dreisätzigen Solokonzerts, die zwar nicht

[127] Vgl. Baumgartner, Die Komponisten, S. 256.

[128] Wie Goethe seine ursprüngliche Prosafassung der *Iphigenie* 1786 in Versform umarbeitete, so arrangierte Beethoven sein erfolgloses Violinkonzert auf Anraten eines Verlegers für *Klavier* und Orchester; anders als bei Goethe setzte sich die revidierte Fassung jedoch nicht durch.

bis in die Antike, aber immerhin bis ins 17. Jahrhundert (barockes Concerto) zurückreicht.[129]
In diesem Sinne lässt sich Rüdiger Safranskis Resümee zu *Iphigenie auf Tauris* etwas abstrahiert auch auf Beethovens Komposition(en) übertragen: „Iphigenie verläßt den Tempelbezirk, doch das Stück insgesamt ist eine Art von Tempelbezirk, abgeschirmt gegen die Welt des drohenden Kriegs, der Rekrutenaushebungen und der hungernden Strumpfwirker von Apolda."[130] Die liebevolle Darstellung des Freundespaares Orest–Pylades, so Safranski weiterhin, erhalte Farbe von Goethes Freundschaft mit dem Herzog (Karl August), der Zauber und die besänftigende Wirkung Iphigenies lassen an Charlotte von Stein[131] denken.[132] Unter objektivitätsbemühten Literaturwissenschaftlern, die den Unterschied zwischen Werk und Autor stets zu untermauern suchen, mag dies eine streitbare These sein; lässt man den Einwand jedoch außen vor, schien Goethe Beethoven erkennbar ähnlich: War es doch letzterer, der persönlich Erlebtes derart intensiv in seine Kompositionen einfließen ließ wie es kein Musiker zuvor in Erwägung gezogen hatte.[133]
Der Dichter indes hat natürlich nicht nur im Rahmen der *Iphigenie* Autobiographisches in seinem Werk verarbeitet – bei der Behandlung des *Torquato Tasso* im folgenden Kapitel wird dies abermals dargelegt.
Durchaus amüsant erscheint übrigens, dass Goethe sich eigens ein Streichquartett aus Weimar „schicken" ließ, um beim Schreiben seiner *Iphigenie* auf eine Hintergrundmusik zurückgreifen zu können. „Erst derart präpariert, ist Goethe in die Lage versetzt, in dichterischen Kontakt zu den fiktiven Charakteren seines Stückes zu treten […]."[134] Hierin

---

[129] Vgl. Herzfeld, Lexikon der Musik, S. 292
[130] Safranski, Goethe, S. 262.
[131] Charlotte von Stein (1742-1827) war eine Hofdame der Herzogin Anna Amalia; in die Lieraturgeschichte ging sie als langjährige Freundin (und möglicherweise Muse) Goethes und Schillers ein.
[132] Vgl. Safranski, Goethe, S. 262/63.
[133] Vgl. Herzfeld, Lexikon der Musik, S. 57.
[134] Jeßing, Johann Wolfgang Goethe, S. 64.

findet sich nicht bloß ein Beleg für die „Künstlichkeit“ der altertümlichen *Iphigenie* in den Augen ihres Verfassers, sondern darüber hinaus ein nahezu nebensächlicher Hinweis auf Goethes *Angewiesenheit* auf die Tonkunst. Schließlich hätte er sich für eine „atmosphärische Ablenkung“ genauso gut ein paar inspirierende Gemälde oder Verse schicken lassen können.[135]

Ein Beethoven-Porträt (1803/04 angefertigt von Joseph Willibrord Mähler), das mit seinen antikisierenden Anspielungen (z.B. Lyra unten links) an Tischbeins berühmtes Gemälde *Goethe in der Campagna* erinnert.

Um aber nochmal auf die Kapitelüberschrift einzugehen, sei ein weiterer exemplarischer Verbindungspunkt aus dem Schaffen Goethes und Beethovens dargestellt, der Kunst als

[135] Gut möglich, dass ihm das erwähnte Streichquartett Mozart-Kompositionen zu Gehör brachte; Beethoven sollte sein erstes Werk „erst“ 1782 veröffentlichen.

autonomen Zufluchtsort versinnbildlicht: Der Prometheus-Mythos.
Prometheus, jener kühne Titan aus dem griechischen Sagenkreis, der auf die Erde hinabkam. Er schuf die Menschen aus Ton und brachte ihnen das Feuer wieder, um Zeus' Allmachtsherrschaft Einhalt zu gebieten. Daher gilt er als mythologischer Rebell par excellence, darüber hinaus als Kulturstifter der Menschheit, als Synonym für den schöpferisch tätigen, unabhängigen Künstler. All dies soll anhand der Prometheus-Verarbeitung Goethes und Beethovens näher beleuchtet werden.
Zunächst zum Dichter. Die berühmte, im Herbst 1774 entstandene Hymne *Prometheus*, welche ursprünglich die Eröffnung des dritten Aktes eines ganzen gleichnamigen Dramas darstellen sollte[136], wurde 1785 ohne Goethes Zustimmung als eigenständiges Werk in einer atheistischen Sammelschrift publiziert.[137] Daraufhin sorgte es nicht nur in der literarischen Welt rasch für Furore. Was genau macht die *Prometheus-Hymne* aber so innovativ, um nicht zu sagen provokativ? „Erstens verhält sie sich polemisch oppositionell gegenüber den traditionellen Herrschaftsstrukturen. Zweitens artikuliert der Text ein neues Bewußtsein dichterischer oder künstlerischer Identität: Das, was sich der göttlich angemaßten Majestät entgegensetzt, ist selbsttätig erschaffene eigene Identität und ebenso selbst erzeugte Welt [...]. Der Mensch begreift sich als das Subjekt seiner Geschichte, als den Macher seiner eigenen Welt.“[138] Eine Art leidenschaftlich verfochtenes Humanitätsideal wird also ausgedrückt – wesentlich herausfordernder noch als in der vergleichsweise keuschen *Iphigenie.*
Der werkbezogene Vergleich zu Beethoven richtet sich nun auf dessen energiegeladene *Prometheus-Ouvertüre op. 43* aus dem Jahr 1801, welche heute als eigenständiges Konzertstück fungiert, aber ursprünglich ebenfalls nur die Ein-

[136] Vgl. Safranski, Goethe, S. 143-45.
[137] Vgl. ebd., S. 145.
[138] Jeßing, Johann Wolfgang Goethe, S. 11/12.

leitung zu einem mehrteiligen Bühnenwerk darstellte. Auf den ersten Blick erscheint diese Komposition zwar nur als konventionelle Auftragsarbeit für einen bedeutungslosen italienischen Ballettmeister, beim genaueren Betrachten jedoch muss sie als ähnlich provokativ für die damalig musikalische Welt eingestuft werden wie Goethes Hymne für die Literaturszene der späten 1780er Jahre. „Die […] Musik zu Salvatore Viganòs Ballett *Die Geschöpfe des Prometheus* wird in ihrer zeit- und ideengeschichtlichen Bedeutung […] unterschätzt"[139], bemerkt Martin Geck. „Das Thema Prometheus war damals hochaktuell: Der Lichtbringer und Menschheitsbeglücker Prometheus wurde zum Idol von Aufklärung und Idealismus […]. Viganò war seinerseits kein Ballettmeister alten Stils, sondern ein Vorkämpfer des als fortschrittlich geltenden Ausdruckstanzes. Es gibt keinen Zweifel, dass Beethoven durch die über zwanzig Vorführungen dieses Balletts in der Hofburg stärker ins Licht der Öffentlichkeit gerückt ist als durch die singuläre Aufführung einer einzelnen Sinfonie."[140] Der heutige Konzertgänger mag sich dies nur schwer vorstellen können angesichts der Tatsache, dass der „Rest" des Balletts – will sagen: Alle 15 Nummern abgesehen von der Ouvertüre – heute kaum mehr aufgeführt wird. Insbesondere durch Beethovens Abgrenzung von diversen klassischen Oratorien gewinnt Gecks Behauptung jedoch an Gewicht. Diese nämlich stellten bei allem aufklärerischen Geist, der ihnen bereits innewohnt, niemals einen Repräsentanten des griechisch-antiken Schöpfungsmythos auf die Bühne, sondern einzig und allein „Angehörige" der biblischen Genesis. Als prominenten Beleg dafür ziehe man Haydns *Schöpfung* heran, die erst 1799 ebenfalls in Wien uraufgeführt worden war.[141]

Beide Werke also, die Hymne wie die Ouvertüre[142], feiern die Tat des Titanen und lassen sie mithilfe „flammender"

---

[139] Geck, Ludwig van Beethoven, S. 41.

[140] Ebd., S. 41/42.

[141] Vgl. Schmierer, Komponisten-Porträts, S. 107.

[142] Man betrachte sie als Pars pro Toto für das ganze Ballett.

Ausdrucksmittel lebendig werden – obgleich bei Goethe das Menschen-Erschaffen, bei Beethoven das Feuer-Stehlen im Fokus steht. Das *Autonome* in der Bearbeitung des Prometheus-Stoffs liegt wiederum in den sprachlichen bzw. musikalischen Darstellungen, die den Stoff aus der Realwelt herauslösen. Überhaupt darf die künstlerische Verherrlichung der Titanenfigur als stellvertretend für ein neues Zeitalter gewertet werden, das die „Fackel" voranträgt und sich von jedweder (religiöser) Bevormundung freimacht. Noch Karl Marx bezeichnete Prometheus 1841 in seiner Dissertation als „vornehmsten Heiligen und Märtyrer im philosophischen Kalender"[143] – kein Wunder also, dass weder Goethe in literarischer noch Beethoven (und Viganò) in musikalischer Hinsicht die einzigen oder gar letzten waren, die sich des bedeutungsvollen Stoffes annahmen.[144]

Das „prometheische Selbstbewußtsein"[145] des Dichterfürsten sollte wegweisend werden für seine poetische Produktivität in den folgenden Jahr(zehnt)en. Doch auch das künstlerische Selbstverständnis Beethovens, mit dem sich der Komponist nach 1800 in einen regelrechten Schaffensrausch stürzte, wird mit diesem metaphorischen Ausdruck treffend beschrieben.

Die wegen ihres gewaltigen Sprachklangs zeitlose *Prometheus-Hymne* sei zum Abschluss des Kapitels auszugsweise zitiert – durch den angestellten Vergleich betrachtet sie vielleicht auch der eingefleischte Goethe-Leser mit etwas anderen Augen: „Bedecke deinen Himmel, Zeus / Mit Wolkendunst / Und übe, dem Knaben gleich / Der Disteln köpft, / An Eichen dich und Bergeshöhn: / Mußt mir meine Erde / Doch lassen stehn [...] Und meinen Herd, / Um dessen Glut / Du mich beneidest! // Ich kenne nichts

---

[143] Goldschmidt, Die Geschöpfe des Prometheus, S. 1.

[144] Schon Johann Gottfried Herder hatte ein Drama mit dem Titel *Der entfesselte Prometheus* (als Fortsetzung für Aischylos) verfasst; dieses war Grundlage für Liszts Sinfonische Dichtung *Prometheus* aus den 1850er Jahren.

[145] Safranski, Goethe, S. 146.

Ärmeres / Unter der Sonn als euch, Götter! […] Hast du nicht alles selbst vollendet, / Heilig glühend Herz? […] Hier sitz ich, forme Menschen / Nach meinem Bilde, / Ein Geschlecht, das mir gleich sei: / Zu leiden, zu weinen, / Zu genießen und zu freuen sich – / Und dein nicht zu achten, / Wie ich!"[146]

(2.2) **Kunst als Selbsttherapie**

Dass Goethe und Beethoven als Künstlertypen gleichermaßen mit ihrer seelischen Zerrissenheit zu kämpfen hatten, fortwährend etliche Ängste in Schach halten mussten und mit ihren Werken daher nicht zuletzt eine Art Selbsttherapierung vornahmen, dürfte vielen, die sich heute mit ihrem Schaffen auseinandersetzen, immer noch fremd erscheinen. Während die Populärwissenschaft den Dichterfürsten gern auf sein ruhmreiches wie langwährendes Leben reduziert, das jenseits des *Werthers* keine vorstellbaren Depressionen enthielt, präsentiert sie den Komponisten gern als einen Menschen, der sich mit taubheitsbedingten Wutausbrüchen Feinde machte und die Verzweiflung folglich an seinen Werken „ausließ". Solche Schwarz-Weiß-Sichtweisen lassen freilich keine Parallele zwischen der Kunstauffassung Goethes und Beethovens erkennen. Dieses Kapitel soll deshalb mit ihnen aufräumen und offenlegen, dass Goethe von ähnlich schwerwiegenden Selbstzweifeln geplagt war wie Beethoven, während dieser im gleichen selbsttherapeutischen Maße auf seine Kompositionen angewiesen war wie der Dichter auf seine Schriften.
Zunächst soll ein weiterer Vergleich zwischen zwei zentralen Werken angestellt werden, die sich in Entstehungs- und Ausarbeitungsweise weniger voneinander unterscheiden als man auf den ersten Blick denken mag. Die Rede ist nicht etwa von ausgedienten und mittlerweile reizlosen Beispielen

---

[146] Goethes Gedichte, S. 53-55.

wie dem *Werther* auf Seiten Goethes oder der *Fünften*, der sogenannten *Schicksalssinfonie*, auf Seiten Beethovens.[147] Stattdessen werden die Parallelen aufgezeigt zwischen dem weitaus weniger populären, von 1780 bis 1789 entstandenen Schauspiel *Torquato Tasso*[148] und der 1798/1799 komponierten *Grande Sonate Pathétique*, welche zwar zum Grundrepertoire eines jeden fortgeschrittenen Pianisten und einer jeden Best-of-Beethoven-Kollektion zählt, oft aber nur oberflächlich diskutiert wird.

Hinsichtlich seines letzten in Italien ausgearbeiteten Dramas um dem gleichnamigen Renaissance-Poeten[149] behauptete Goethe in seinen letzten Lebensjahren gegenüber Eckermann einmal: „daß [sic!] ich in den ersten zehn Jahren meines Weimarer Dienst- und Hoflebens[150] so gut wie gar nichts gemacht, daß die Verzweiflung mich nach Italien getrieben, und daß ich dort, mit neuer Lust zum Schaffen, die Geschichte des Tasso ergriffen, um mich in Behandlung dieses angemessenen Stoffes von demjenigen freizumachen, was mir noch aus meinen weimarischen Eindrücken und Erinnerungen Schmerzliches und Lästiges anklebte."[151]

Damit ist die Unvereinbarkeit von Hofalltag und Dichterideal gemeint, welche Goethe seit Ende der 1770er Jahre am eigenen Leib zu spüren bekam. Auf durchaus mit dem *Werther* vergleichbare Weise kommt es im *Tasso* also „zur [selbst-]therapeutischen Aufarbeitung der eigenen biographischen und künstlerischen Krise [...]"[152].

---

[147] Diese berühmten Werke eröffnen zwar immer wieder spannende Interpretationsansätze, sie waren jedoch schon zu häufig Gegenstand biographisch-idealisierender Untersuchungen.

[148] Franz Liszt vertonte das Werk anlässlich Goethes 100. Geburtstags in seiner Sinfonischen Dichtung *Tasso, Lamento e Trionfo*.

[149] Torquato Tasso (1544-1595) wirkte in Ferrara und wurde durch sein Versepos *Gerusalemme liberata* (Das befreite Jerusalem) bekannt.

[150] Ende 1775 war Goethe in Weimar angekommen, im Juni 1776 wurde er zum „Geheimen Legationsrat" ernannt; im September 1786 machte er sich schließlich unter falschem Namen nach Italien auf.

[151] Jeßing, Johann Wolfgang Goethe, S. 74.

[152] Ebd.

Wie lassen sich in der realen Welt poetische Ziele verwirklichen? Darf es einen Kompromiss zwischen dichterischem Selbstverständnis und (finanzieller) Urteilsabhängigkeit geben? Oder um es in einer modernen Fragestellung auszudrücken: Spielt der Schriftsteller in der Konsumgesellschaft noch eine andere Rolle als jene des Emotionalclowns?[153] *Tasso* stellt als Stück all diese existenziellen Fragen. Tasso als Figur verliebt sich obendrein in eine unerreichbare Adlige[154] am Hofe seines Mäzens, begeht einen Tabubruch – und findet Versöhnung schließlich ausgerechnet in seinem ehemals ärgsten weltanschaulichen Feind, dem Staatssekretär Antonio.

„Goethe, als er den ‚Tasso' zu schreiben begann, empfand sich als [...] Person, die den Tasso- und den Antonio-Aspekt in sich vereinigt, allerdings nicht in Form einer friedlichen Koexistenz, wie er der Mutter und manchen Freunden glauben machen will. [...] Goethe mußte darum kämpfen [!], diese beiden Aspekte, diese Doppelexistenz im Gleichgewicht zu halten. Die Arbeit am ‚Tasso' war der Versuch, in der poetischen Welt ein Gegengewicht zu schaffen."[155]

Aus ähnlichen, wenn auch ungleich körperlicheren Gründen der inneren Zerrissenheit begann Beethoven 1798 die Arbeit an seiner achten Klaviersonate[156], deren Beiname *Pathétique* (die Leidenschaftliche, Schwärmerische)[157] ungewöhnlicherweise auf den Komponisten selbst zurückgeheht.[158] Angesichts der bezeichnenden Tonart c-Moll[159], der hoch emotionalen, dramatisch verdichteten Anlage des Werks und seiner

---

153 Vgl. Siems, Reclams Schauspielführer, S. 175.

154 Gemeint ist die Prinzessin Leonore von Este, welche in der Einleitung bereits kurz zu Wort kam.

155 Safranski, Goethe, S. 310.

156 Anderen Quellen zufolge bereits Ende 1797.

157 Ende 1893 sollte Peter Tschaikowski auf Anraten seines Bruders den gleichen Beinamen für seine schwermütige sechste Sinfonie (op. 74) wählen, die ebenfalls als eine Art Seelenbekenntnis aufzufassen ist.

158 Vgl. Geck, Ludwig van Beethoven, S. 85.

159 In musiktheoretischen Schriften des 18. Jahrhunderts wird c-Moll als „wütend" (Mattheson), „rasend" (Quantz) oder „klagend" (Rousseau) charakterisiert.

„Sturm-und-Drang-Charakteristik“ kann man durchaus „an Beethovens Äußerung gegenüber [dem Jugendfreund] Wegeler aus dem Jahr 1800 [denken]: *Ich will dem Schicksal in den Rachen greifen; ganz niederbeugen soll es mich gewiß nicht*. Diese ist sicherlich kein ‚Programm‘ für den ersten Satz [...], zeigt aber analoge Denkstrukturen im Sinne eines Aufbäumens gegen bedrückende Erfahrungen.“[160] Fest steht nämlich, dass der Komponist sein Opus 13 aus der Gewissheit einer künftigen Taubheit heraus zu schreiben begann.[161] Gegen dieses schwere Schicksal beschloss er anzukämpfen, d.h. „anzukomponieren“.

Bei Beethoven besteht die Qual also aus der nachvollziehbar schmerzhaften Divergenz zwischen zunehmender Gehörlosigkeit und radikalsten musikalischen Ansprüchen an sich selbst. Nur mit dieser Tatsache lässt sich hinreichend verstehen, warum die *Pathétique* alle vorherigen Sonaten in den Schatten stellt: „Die Sprachgewalt [!] wächst, die Klangräume weiten sich, und der bis zur Achtstimmigkeit sich ausdehnende Klaviersatz zeigt bei gewaltig gewachsenem pianistischem Anspruch fast orchestrale Farben“.[162] Einzig mithilfe solcher unerhörter Gestaltungsmittel vermag sich Beethoven, um es etwas *pathetisch* auszudrücken, sein Leid von der Seele zu schreiben; einzig mithilfe dieses enormen kompositorischen Aufwands kann er die ins schier Unendliche ausgeschöpfte Kunstform als Zufluchts- und Genesungsort nutzen. Erst mit der *Sturm-Sonate op. 31 Nr. 2*[163] findet wieder ein vergleichbarer Umbruch in Beethovens Klavierschaffen statt. Kein Wunder also, dass sich auch dieses Werk – diesmal in d-Moll stehend[164] – einer unmittelbar zuvor ausgebrochenen Lebenskrise anschließt: Fällt es doch in die Zeit des bedeutenden *Heiligenstädter Testaments*,

[160] Geck, Ludwig van Beethoven, S. 87.
[161] Vgl. Baumgartner, Die Komponisten, S. 262.
[162] Geck, Ludwig van Beethoven, S. 85.
[163] Siehe S. 31.
[164] Diese Tonart wiederum wurde als „ernsthaft“ (Rousseau), „schwermütig“ (Schubart) oder „melancholisch“ (Grétry) beschrieben.

welches auf den 6. Oktober 1802 datiert ist.[165] Beethoven verfasste dieses Dokument, um die Verzweiflung offenzulegen, welche ihm sein Ohrenleiden bereitete, und all jene Mitmenschen zu verurteilen (stellvertretend seine zwei jüngeren Brüder), die vorschnelle Urteile über seine vermeintliche Misanthropie fällten.[166] Ein tauber Komponist *muss* sich schließlich fühlen wie ein blinder Maler oder ein Sportler mit Muskelschwund. „Ihr wißt nicht die geheime Ursache von dem, was euch so [feindselig] scheinet“[167], schrieb er. Den weiter hinten dargelegten Entschluss des Selbstmords verwarf, d.h. überwand, Beethoven allerdings – ein Segen für die musikalische Nachwelt. Mit welchen Kompositionen er sich auf selbsttherapeutische Weise die Lebens- und Schaffenskraft zurück errang – Beethoven selbst sprach von einem „Neuen Weg“[168] –, ist der Forschung bekannt und spricht für sich: Neben der *Sturm-Sonate* sind es u.a. die heroischen Klaviervariationen Opus 34 und 35, das *Klavierkonzert Nr. 3 c-Moll op. 37* und seine epochemachende dritte Sinfonie, die *Eroica.*[169]

Im Vergleich zu diesen physischen Qualen bis hin zu Suizidgedanken und deren verbissener Überwindung wirkt Goethes Tasso-Komplex wie ein Luxusproblem. Es darf jedoch nicht übersehen werden, dass der Dichter, obgleich er Zeit seines Lebens von keinem vergleichbar *körperlichen* Leiden geplagt wurde[170], vermutlich dauerhaft gescheitert wäre, wenn er seine psychischen Qualen nicht im *Tasso* verarbeitet hätte. Erst die gestalterische Auseinandersetzung mit dem zerrissenen Hofdichter, welche insgesamt an die

---

[165] Vgl. Beethovens Briefe, S. 54.

[166] Wegen seiner hohen literarischen Qualität und wohl auch wegen seines dezent theatralischen Tonfalls wurde das *Heiligenstädter Testament* des Öfteren mit Goethes (nicht rein autobiographischem!) *Werther* verglichen.

[167] Beethovens Briefe, S. 51.

[168] Vgl. Schmierer, Komponisten-Porträts, S. 124.

[169] Vgl. ebd.

[170] Als Kind bekam Goethe die Pocken (wie Beethoven); später hatte er phasenweise „nur“ mit Gürtelrose, Gicht, einer Herzbeutelentzündung und massiver Höhenangst zu kämpfen.

zehn Jahre in Anspruch nahm, bringt Goethe den eigenen produktiven Seelenfrieden zurück. So lässt sich auch seine spätere Aussage, die Handlung des Schauspiels sei „Bein von meinem Bein und Fleisch von meinem Fleisch“[171], biographisch nachvollziehen.
Der Lebensweg des Weimarer „Klassikers“ war jedoch von etlichen weiteren Schicksalsschlägen durchzogen. Goethe selbst zog 1824 ein dementsprechend nüchternes Resümee: „Man hat mich immer als einen vom Glück besonders Begünstigten gepriesen, auch will ich mich nicht beklagen und den Gang meines Lebens nicht schelten. Allein im Grunde ist es nichts als Mühe und Arbeit gewesen, und ich kann wohl sagen, daß ich in meinen fünfundsiebzig Jahren keine vier Wochen eigentliches Behagen gehabt.“[172]
Altersbedingte Sentimentalität und eine „verschwommene“ Sichtweise, welche wohl der zeitlichen Distanz geschuldet ist, mögen die biographische Authentizität dieser Aussage zwar schmälern, jedoch seien im Folgenden einige exemplarische Stationen aus der Biographie des Dichterfürsten skizzenhaft aufgeführt, in denen er das Leben, zumindest kurzzeitig, kaum zu bewältigen wusste und nur mit einer selbsttherapeutischen Kunstauffassung zu alten bzw. neuen Kräften fand.
Zu nennen wäre z.B. der Tod Friedrich Schillers im Mai 1805, der Goethe regelrecht lähmte und ihn folglich selbst aufs Krankenbett warf.[173] „Er behalf sich, indem er *dem Tode zu Trutz* eine eigene Form von Totengespräch erfand. Er machte sich nämlich daran, den ‚Demetrius‘, das letzte Fragment gebliebene Stück Schillers, zu vollenden. [...] Goethe wollte die Atmosphäre des Zusammenwirkens bewahren, so als sei der Freund noch am Leben.“[174] Dieses Vorhaben scheiterte – der *Demetrius* ist bis heute unvoll-

[171] Arpe, Knaurs Schauspielführer, S. 169.
[172] Baranyai, Des Dichters Lebenskunst.
[173] Vgl. Safranski, Goethe, S. 465.
[174] Ebd.

endet geblieben.[175] Irgendeine intensiv-schöpferische Arbeit zwecks Selbsttherapierung musste aber herbeigeschafft werden. So verfasste Goethe wenigstens – in ziemlich kurzer Zeit – den *Epilog auf Schillers Glocke* für die Beisetzung des Verstorbenen am 10. August 1805. Noch immer ging ihm der Tod des zehn Jahre jüngeren Kollegen schmerzlich nahe: „Die Schauspielerin Amalia Wolff, die den ‚Epilog' sprach, erzählte später, wie Goethe sie während der Probe [...] unterbrach, ihren Arm ergriff, sich die Augen bedeckte und ausrief: *Ich kann, ich kann den Menschen nicht vergessen!*"[176] Was schließlich half, war die Wiederaufnahme der Arbeit am *Faust*, Goethes Langzeitprojekt, zu dessen Vollendung Schiller immer wieder gedrängt hatte.[177] *Der Tragödie erster Teil* wurde also in Buchform gebracht und Anfang 1808 publiziert – die erste szenische Privataufführung fand am 18. Februar 1816 statt.[178]

Ein weiteres abschließendes Beispiel aus Goethes Biographie, das wiederum die selbsttherapeutische Bedeutung seiner Lyrik unterstreicht, findet sich in der sogenannten *Marienbader Elegie* aus dem Jahr 1823. Diese hatte der fast 80-jährige Dichter aus unglücklicher Liebe zu der damals sage und schreibe 17-jährigen Ulrike von Levetzow (1804-1899) verfasst. Sie hatten sich 1821 im Kurort Marienbad kennengelernt[179]: „Zunächst ist [...] Goethe eine Art Großpapa, der sich fortwährend im Kreise dieser Familie aufhält, auf der Terrasse plaudert oder mit der ältesten Tochter [...] Ulrike in der Gegend herumzieht [...]"[180], berichtet Safranski. „Im zweiten Sommer von Marienbad [1822] fühlt er sich Ulrike gegenüber nun wirklich nicht mehr als Großpapa. Er be-

---

[175] Nahezu symbolisch erscheint, dass auch Friedrich Hebbel 1863 über der Arbeit an einem *Demetrius*-Drama starb; Puschkins Stück *Boris Godunow* (Vorlage für Mussorgkis gleichnamige Oper) thematisiert ebenfalls die Figur des („falschen") Demetrius.

[176] Safranski, Goethe, S. 466/67.

[177] Vgl. ebd., S. 468.

[178] Vgl. Siems, Reclams Schauspielführer, S. 176-78.

[179] Vgl. Wilpert, Goethe-Lexikon, S. 628.

[180] Safranski, Goethe, S. 591.

merkt, daß er verliebt ist."[181] Ein weiteres Jahr später, im heiß ersehnten Sommer 1823, ließ Goethe schließlich über den Herzog Karl August seinen unstandesgemäßen Heiratsantrag ausrichten. Zunächst gab es überhaupt keine Antwort, weil man die Anfrage schlichtweg für einen Scherz hielt[182], einige Monate später kam dann eine mehr oder minder diplomatische Absage. Goethe schien diesen Korb jedoch vorausgeahnt zu haben, denn schon im September 1823 entstand die genannte Elegie, welche er „auf der Reise mit krakeliger Schrift in einem Taschenkalender notierte, zu Hause auf feines Papier übertrug, in rotes Leder einbinden ließ und eine Weile lang wie ein Heiligtum hütete, das er nur wenigen Auserwählten zu lesen gab"[183].

In der Folgezeit sortierte Goethe das Werk in einen Gedichtzyklus mit dem Titel *Trilogie der Leidenschaften* ein und stellte ihm bezeichnenderweise zwei Verse aus dem *Tasso* voran: „Und wenn der Mensch in seiner Qual verstummt, / Gab mir ein Gott, zu sagen, was ich leide"[184].

Zweifellos gehört die *Marienbader Elegie* zum „spektakulärsten seines Alterswerkes"[185]. Ihr sehnsüchtig-klagender Ausdruck ist unerreicht geblieben und beeinflusste die nachfolgenden Dichtergenerationen ungemein.[186] Liest man nun einige Zeilen aus dem Werk, wird der selbsttherapeutische Zweck von Goethes (wie Beethovens) Kunst nochmals deutlich: „Was soll ich nun vom Wiedersehen hoffen, / Von dieses Tages noch geschloßner Blüte? [...] Ist denn die Welt nicht übrig? [...] Und wölbt sich nicht das Überweltlich-Große, Gestaltenreiche, bald Gestaltenlose? [...] Wenn Liebe je den Liebenden begeistet, / Ward es an mir aufs lieblichste geleistet! // Und zwar durch sie! [...] Nun bin ich fern! Der jetzigen Minute, / Was ziemt denn

---

[181] Safranski, Goethe, S. 593.
[182] Vgl. ebd., S. 596.
[183] Ebd.
[184] Goethes Gedichte, S. 409.
[185] Jeßing, Johann Wolfgang Goethe, S. 43.
[186] Stefan Zweig widmete dem Werk beispielsweise das zweite Kapitel seiner *Sternstunden der Menschheit.*

der? Ich wüßt es nicht zu sagen! [...] Mich treibt umher ein unbezwinglich Sehnen, / Da bleibt kein Rat als grenzenlose Tränen. // So quellt denn fort und fließet unaufhaltsam! [...] Mir ist das All, ich bin mir selbst verloren, / Der ich noch erst den Göttern Liebling war [...] Sie trennen mich – und richten mich zugrunde."[187]

Ungeachtet des pessimistischen Ausgangs bewarte das Niederschreiben der Elegie den greisen Dichter davor, in Liebeskummer zu versinken, und half ihm, neue Werke ins Auge zu fassen. Übrigens erinnert die Thematik um Goethes späte Liebe zu Ulrike ein wenig an Beethovens sagenumwobene „Unsterbliche Geliebte", der auch die eine oder andere Komposition des Meisters zu verdanken sein soll.[188] Dies ausführlicher darzulegen, würde jedoch zu tief ins Biographische reichen und somit zu weit führen.

(2.3) **Natur als unmittelbare Inspirationsquelle**

Auch in ihrer Naturauffassung – man müsste eigentlich eher von einer „Naturerfahrung" sprechen – waren sich Goethe und Beethoven erstaunlich ähnlich. Wie der Dichter z.B. mehrmalige Wanderungen bis auf die Spitze des Brockens unternahm, nur um die Elemente, die er in seiner Lyrik eindrucksvoll herbeibeschwor, am eigenen Leib zu spüren, so wichtig waren Beethoven die häufigen Wanderungen durchs Wiener Umland für die Regenerierung seiner Schaffenskraft.

Über Goethes Naturverständnis gibt es – im Gegensatz zu derjenigen Beethovens – zahllose Publikationen, welche insbesondere die geistesanschaulichen und biographischen Hin-

[187] Goethes Gedichte, S. 409-14.

[188] Die Identität der „Unsterblichen Geliebten" ist nach wie vor ungeklärt. Die neuere Beethoven-Forschung zieht Antonie Brentano (1780-1869), Therese (1775-1867) oder Josephine (1779-1821) Brunsvik in Erwägung. Besonders letzterer sind auffällig viele Werke zugeeignet, z.B. das Lied *An die Hoffnung op. 32*, das *Andante favori WoO 57* und angeblich posthum die 31. Klaviersonate (op. 110).

tergründe seiner mannigfaltigen Naturlyrik unter die Lupe nehmen. Zieht man die folgende Zusammenfassung Gero von Wilperts heran – sie entstammt seinem *Goethe-Lexikon* –, lässt sich die Anschauung des Dichterfürsten jedoch recht knapp auf den Punkt bringen: „Der religiös-pantheistische Charakter seiner Naturverehrung führt weniger zur reflektierten Betrachtung und literrischen Gestaltung von Einzelphänomenen als vielmehr in die Ganzheit der Natur zurück, deren Teil der Mensch ist und deren Kraft sich im Gefühl und in der Liebe zu jeder ihrer Erscheinungen beweist.“[189]

Eine kraftgebende, harmonisierende Wirkung, die allseits von etwas Göttlichem durchdrungen ist, erweist sich demnach als Essenz aus Goethes Naturbetrachtung(en). Schon das bekannte *Mailied* aus dem Jahr 1771[190] illustriert auf emphatische Weise diese pantheistischen Aspekte: „Wie herrlich leuchtet / Mir die Natur! / Wie glänzt die Sonne! / Wie lacht die Flur! // Es dringen Blüten / Aus jedem Zweig / Und tausend Stimmen / Aus dem Gesträuch, // Und Freud und Wonne / Aus jeder Brust. […] Du segnest herrlich / Das frische Feld, / Im Blütendampfe / Die volle Welt.“[191]

Von Beethovens Naturbeschreibungen sind diese Strophen nicht weit entfernt. So schrieb der Komponist 1810 in einem Brief[192]: „Wie froh bin ich, einmal in Gebüschen, Wäldern, unter Bäumen, Kräutern, Felsen wandeln zu können! Kein Mensch kann das Land so lieben wie ich – geben doch Wälder, Bäume, Felsen den Widerhall, den der Mensch wünscht.“[193]

An anderer Stelle, auf einem Skizzenblatt des Jahres 1815, heißt es wiederum: „Mein Dekret: nur im Lande bleiben. Wie leicht ist in jedem Flecken dieses erfüllt! Mein unglück-

[189] Wilpert, Goethe-Lexikon, S. 747.

[190] Im gleichen Jahr waren auch *Willkommen und Abschied* sowie das *Heidenröslein* entstanden.

[191] Goethes Gedichte, S. 20/21.

[192] Die Rede ist vom selben Brief an Therese Malfatti, der auch die schon erwähnte Lektüreempfehlung des Komponisten beinhaltet (siehe S. 32).

[193] Beethovens Briefe, S. 22/23.

seliges Gehör plagt mich hier nicht. Ist es doch, als ob jeder Baum zu mir spräche auf dem Lande: Heilig, heilig! Im Walde Entzücken! Wer kann alles ausdrücken? [...] Süße Stille des Waldes!"[194]

Im Gegensatz zu Mozart, für den die Natur lediglich in „lauschigen Parks der Rokokozeit"[195] existiert hatte, näherte sich Beethoven also einem unmittelbaren, empfindungsorientierten Naturverständnis, das zwischen Aufklärung, einem goethischen Pantheismus und den frühen Romantikern zu changieren scheint: „In der emphatischen Hinwendung zur Natur erlebt der Mensch seinen Ursprung jenseits aller Entfremdung; die zugleich erhabenen und erquickenden Züge, welche ein Schöpferwille der Natur verliehen hat, lassen ihn aufatmen und die richtige Haltung zu sich und der Welt finden."[196]

Die 1807/08 komponierte sechste Sinfonie mit dem Beinamen *Pastorale*[197], sicherlich Beethovens berühmtestes „Naturwerk", steht geistesgeschichtlich am ehesten „dem Genre der im Goethe-Zeitalter hoch geschätzten Idylle nahe, welche nach Schiller den ‚Zweck' hat, ‚den Menschen im Stand der Unschuld, d.h. in einem Zustand der Harmonie und des Friedens mit sich selbst und von außen darzustellen'"[198]. Dazu passt, dass Beethoven die *Betrachtungen der Werke Gottes im Reiche der Natur und der Vorsehung*, ein Buch des lutherischen Theologen Christoph Christian Sturm (1740-1786), geschätzt und phasenweise beinah täglich gelesen haben soll.[199]

Just in dieser Hervorhebung eines göttlich-heilsamen Naturempfindens lässt sich aber insbesondere die enge Verwandtschaft zu Goethe erkennen, der es 1826 *Bei Betrachtung von*

[194] Beethovens Briefe, S. 64.
[195] Herzfeld, Lexikon der Musik, S. 57.
[196] Geck, Ludwig van Beethoven, S. 102.
[197] Beethovens Opus 68 trägt programmatische Satzüberschriften wie „Erwachen heiterer Empfindungen bei der Ankunft auf dem Lande" oder „Frohe und dankbare Gefühle nach dem Sturm".
[198] Geck, Ludwig van Beethoven, S. 104.
[199] Vgl. ebd., S. 113.

Schillers Schädel folgendermaßen auf den Punkt bringen sollte: „Was kann der Mensch im Leben mehr gewinnen / Als daß sich Gott-Natur ihm offenbare / Wie sie das Feste läßt zu Geist verrinnen / Wie sie das Geisterzeugte fest bewahre.“[200]
Obgleich dieses Gedicht in erster Linie den Aspekt der Vergänglichkeit thematisiert[201], unterstreicht es ebenso die nicht-fassbare Allmacht Gottes in der Natur, welcher sich kein Lebewesen zu entziehen vermag.
Um die Naturbetrachtungen Goethes und Beethovens aber auf weitere Gemeinsamkeiten zu untersuchen, sei an dieser Stelle ein kurzer Exkurs in die Kunstgeschichte gewagt.[202]
Der Beethoven-Forscher Martin Geck sieht nämlich eine Parallele zwischen den Naturdarstellungen des Malers Joseph Anton Koch (1768-1839) und den – nennen wir sie ebenfalls pantheistischen – Auffassungen des Komponisten: „Ein Blick auf das berühmte […] Gemälde ‚Der Schmadribachfall‘ des gleich Beethoven in der Tradition von Aufklärung und Französischer Revolution[203] schaffenden Malers […] zeigt eindrucksvoll, wie sich annähernd naturgetreue Malweise, formale Strenge der Gestaltung und idealistische Überhöhung des Bildinhalts trefflich miteinander vereinen lassen […].“[204]
Die Rede ist demnach von einer (malerischen) Naturdarstellungsweise, die sowohl klassizistische Formschönheit und Detailgenauigkeit als auch subjektiv-emphatische Idealisierung in sich vereint. Erinnert das nicht auch an Goethe? Dichtete dieser doch bereits in der letzten Strophe seiner *Harzreise im Winter*: „Du stehst mit unerforschtem Busen / Geheimnisvoll offenbar / Über der erstaunten Welt, / Und

[200] Safranski, Goethe, S. 630.
[201] Goethe hatte es verfasst, während er ein halbes Jahr lang – Shakespeares *Hamlet* ebenbürtig – den wiedergefundenen Schädel Schillers aufbewahrte und „studierte“.
[202] Mitnichten ein Spezialgebiet des Verfassers – etwaige Ungenauigkeiten seien also zu entschuldigen.
[203] Siehe S. 28.
[204] Geck, Ludwig van Beethoven, S. 106.

schaust aus Wolken / Auf ihre Reiche und Herrlichkeit / Die du aus den Adern deiner Brüder / Neben dir wässerst."[205]

Die im wahrsten Sinne des Wortes *sinnlich* erfahrbare, nachhaltig prägende (d.h. inspirierende) Wirkung der Natur ist für Goethe und Beethoven also von ebensolcher Wichtigkeit wie die göttlich-heilsame Komponente. Da Joseph Anton Koch nun aber schon einmal aufgegriffen wurde, sei hier auch ein Bild desselbigen abgedruckt – nicht der genannte *Schmadribachfall* zwar, jedoch ein recht ähnliches, später entstandenes Werk.

Das Wetterhorn im Berner Oberland, von der Rosenlaui aus betrachtet (Ölgemälde von Joseph Anton Koch, 1824).

[205] Safranski, Goethe, S. 243.

Sollte dem einen oder anderen Leser durch die bis hierhin angestellten Naturbild-Untersuchungen der Name Rousseau in Erinnerung gekommen sein, so ist dies nicht von der Hand zu weisen. Tatsächlich ist das Vorbild des Philosophen und „Zivilisationskritikers“ Jean-Jacques Rousseau bei Goethes und Beethovens (künstlerischer) Auseinandersetzung mit der Natur erkennbar. In den *Confessions* (Bekenntnissen), dem autobiographischen Hauptwerk des Franzosen, finden sich z.B. Passagen, die für den Dichter wie den Komponisten in geistesgeschichtlicher Hinsicht wegweisend werden sollten: „Oft überließ ich mein Boot den Lüften und dem Wasser und gab mich gegenstandslosen Träumereien hin [...]. Ich rief manchmal ergriffen: O Natur, o meine Mutter, da bin ich unter deiner Aufsicht; hier gibt es keinen geschickten Schurken, der sich zwischen dich und mich stellt. [...] ich hätte gewollt, dass der See ein Ozean wird.“[206] Mit dieser erholsamen Absonderung von verhassten Mitmenschen vermochte sich wohl besonders Beethoven wegen seines Gehörleidens zu identifizieren.
An anderer Stelle heißt es weiterhin bei Rousseau: „Man weiß übrigens [...], was ich unter einer schönen Landschaft verstehe. Niemals erschien mir, wie schön es auch immer sein möge, ein Flachland so. Ich brauche Sturzbäche, Felsen, Tannen, schwarze Wälder, Gebirge, mühsam zu ersteigende Wege, Abgründe neben mir, die mich erschrecken.“[207]
Dieses beinah hymnische Bekenntnis zu einer wilden, ungebändigten, nahezu furchteinflößenden Natur erinnert wiederum besonders an die frühe Schaffensphase Goethes. So berichtet Safranski z.B. im Zusammenhang mit der bereits angesprochenen *Harzreise* Ende des Jahres 1777: „[...] alleine zu Pferde [bricht er auf] bei Sturm und Schneegestöber auf den nördlichen Harz zu. Keinem hat er von seinem Vorhaben erzählt [...].“[208] Anschließend bestieg er

---

[206] Taureck, Jean-Jacques Rousseau, S. 120.
[207] Ebd., S. 126.
[208] Safranski, Goethe, S. 237.

den Brocken[209]: „Es soll ein Zeichen dafür sein, daß die Götter – das Schicksal – es auch weiterhin gut mit ihm meinen."[210]

Darauf könnte man nun den Einwand erheben, Goethe habe später, mit ausreichender Distanz zu seiner leidenschaftlichen, naturdominierten Sturm-und-Drang-Phase derartige „Wanderungen" in der Tradition des Rousseauismus unterlassen. Dies ist nicht ganz von der Hand zu weisen: In seinen letzten Lebensjahren fand der Dichter verständlicherweise mehr Gefallen an dialogischen Gesprächen[211] als an abenteuerlichen Landschaftserkundungen. Dennoch blieb die Faszination fürs Wandern und die Natur als solche, wie bei Beethoven, auch im Alter ungebrochen. So heißt es rückblickend in der *Farbenlehre* aus dem Jahr 1810 – Goethe war hier bereits über 60 – im für seine Alterprosa so typischen illustrativ-harmonisierenden Sprachklang: „Auf einer Harzreise im Winter stieg ich gegen Abend vom Brocken herunter, die weiten Flächen auf- und abwärts waren beschneit [...]. Waren den Tag über [...] schon leise violette Schatten bemerklich gewesen, so mußte man sie nun für hochblau ansprechen [...]. Als aber die Sonne sich endlich ihrem Niedergang näherte, und ihr durch die stärkeren Dünste höchst gemäßigter Strahl die ganze mich umgebende Welt mit der schönsten Purpurfarbe überzog, da verwandelte sich die Schattenfarbe in ein Grün, das [...] nach seiner Schönheit [mit] einem Smaragdgrün verglichen werden konnte. Die Erscheinung ward immer lebhafter, man glaubte sich in einer Feenwelt zu befinden."[212]

Rousseau darf indes auch über seine naturbezogenen Äußerungen hinaus als geistiger Verbindungspunkt zwischen Goethe und Beethoven betrachtet werden. Obwohl die Goethe-Forschung immer wieder distanzierende Elemente

[209] Man stelle sich zur Verbildlichung Kochs *Wetterhorn* als Brocken vor.
[210] Safranski, Goethe, S. 242
[211] Siehe etwa *Gespräche mit Goethe in den letzten Jahren seines Lebens* von Johann Peter Eckermann (1792-1854).
[212] Safranski, Goethe, S. 243/44

zu dem französischen Philosophen hervorhob, sollte seine prägende Wirkung auf den Dichterfürsten nicht unterschätzt werden. Bernhard Taurecks These zu diesem Sachverhalt darf in allen Punkten auch auf Beethovens Rousseau-Auffassung übertragen werden: „Von Rousseau getragen, wenn nicht beeinflusst, wird Goethes Festhalten an der natürlichen Abwesennheit von Bösartigkeit der Menschen[213], an der natürlichen Religion, an dem Lob der produktiven Einsamkeit[214], an dem Motiv des Wunsches nach bleibenden Glücksmomenten[215], an einer Gesellschaft freier Menschen, an einer Fortdauer des Lebens nach dem Tod.“[216]

Auch mit den zahlreichen naturwissenschaftlichen Untersuchungen Goethes – von der Beschaffenheit des Seeigels[217] über den *Versuch die Metamorphose der Pflanzen zu erklären* (1790) bis hin zu diffusen Gesteinsanalysen – vermochte Beethoven sich wahrscheinlich gut zu identifizieren, denn sein Interesse an der Natur war wie dasjenige Goethes keinesfalls auf bloße Sinneseindrücke beschränkt: „Ihn interessierten die Gesetzmäßigkeiten des Laufs der Planeten, aber auch Theorien über deren stoffliche Beschaffenheit [und die] Bewohner [der] Tier- und Pflanzenwelt.“[218]
Obgleich die bekannten Vermerke in der Partitur der *Pastorale*, welche ausdrücklich Nachtigall (Flöte), Wachtel (Oboe) und Kuckuck (Klarinette) zu imitieren anordnen[219], mehr mit den schwärmerischen Hymnen Hölderlins[220] als mit Goethes Werk in Verbindung gebracht worden sind[221], lässt sich in der Faszination am Lebendigen ein ebenso

[213] Siehe *Iphigenie* in Kap. 2.1.
[214] Siehe Kap. 2.2.
[215] Siehe Kap. 2.4.
[216] Taureck, Jean-Jacques Rousseau, S. 140.
[217] Zu finden in der *Italienischen Reise*.
[218] Geck, Ludwig van Beethoven, S. 114.
[219] Die „Vogelstimmen“ erklingen im zweiten Satz, der „Szene am Bach“.
[220] Besonders *Der Rhein* (1801) aus den *Vaterländischen Gesängen* dürfte Beethoven nahegestanden haben.
[221] Vgl. Geck, Ludwig van Beethoven, S. 104.

dauerhafter Verbindungspunkt in der Naturauffassung der beiden „Klassiker“ finden wie in der Überzeugung, dass „allein *im Tempel der Natur* der *wahren Freude inniger Widerhall* erfahrbar sei“[222] – wie es Beethoven sinngemäß im *Heiligenstädter Testament* formulierte.
Dass der wesentliche Naturbegriff Goethes demjenigen Beethovens überaus ähnlich war, dürfte somit auch ohne einen konkreten Werkvergleich verdeutlicht worden sein. Der Schluss von Goethes siebenstrophigem Gedicht *All-Leben* aus dem Sommer 1814, welches später Einzug in den *West-östlichen Divan* fand, veranschaulicht zu guter Letzt noch einmal alle genannten Parallelen: „[...] Heile mich, Gewitterregen, / Laß mich, daß es grunelt, riechen! // Wenn jetzt alle Donner rollen / Und der ganze Himmel leuchtet, / Wird der wilde Staub des Windes / Nach dem Boden hingefeuchtet. // Und sogleich entspringt ein Leben, / Schwillt ein heilig-heimlich Wirken, / Und es grunelt und es grünet / In den irdischen Bezirken.“[223]

[222] Geck, Ludwig van Beethoven, S. 105.
[223] Goethes Gedichte, S. 352/53.

(2.4) **Der Hang zum „Happy-End"**

Die Überschrift dieses letzten Unterkapitels soll keinesfalls den Eindruck erwecken, Goethes und Beethovens Werk auf eine Stufe mit dem zeitgenössischen Hollywoodkino o.ä. zu stellen. Der Begriff des „Happy-Ends", eines glücklichen Ausgangs im künstlerisch-inhaltlichen Sinne also, beschreibt jedoch bildhaft, was viele Werke der beiden „Klassiker" durchzieht: Die unbetrübliche Vorstellung von einem optimistischen, befreienden Ausgang – erhofft und errungen nach vorausgegangenem Leid. Ausgenommen sind hier sinnvollerweise komische Werke Goethes wie Lust- und Singspiele bzw. durchweg feierliche oder beschwingte Kompositionen Beethovens, die sich gar nicht durch ein solch gegensätzliches Ende auszeichnen könnten.

Für die dramatische Entwicklung von einer Moll- zu einer kontrastierenden Dur-Tonart innerhalb einer (mehrsätzigen) Komposition hat sich die Beethoven-Forschung seit Adolph Bernhard Marx (1795-1866)[224] eine vielsagende lateinische Wendung abgeschaut, um damit so manches Werk des Meisters zu charakterisieren: „Per aspera ad astra" [225] – „Auf rauen Wegen zu den Sternen". Freier und einleuchtender übersetzt: „Durch das Dunkel zum Licht". Oder deutlich pathetischer: „Durch Kampf zum Sieg!"[226]

Dieses Prinzip beherrscht nicht bloß die *Fünfte* (im Übergang vom dritten zum finalen vierten Satz), sondern auch das dritte Klavierkonzert (op. 37), welches nahezu durchgängig in c-Moll steht, bevor die Coda des Schlusssatzes ins helle C-Dur umschlängt und ein unerwartet heiteres Ende herbeiführt. Weitere Beispiele sind der Kopfsatz der seltener gespielten *Vierten*[227], welcher düstere Mollklänge zu einem

---

[224] Vgl. Küster, Beethoven, S. 235.

[225] Diese Redewendung geht zurück auf eine Tragödie von Seneca.

[226] Küster, Beethoven, S. 235.

[227] Der literarisch bewanderte Schumann bezeichnete sie hinsichtlich ihrer Stellung in Beethovens sinfonischem Schaffen als „griechisch schlanke Maid zwischen zwei Nordlandriesen" – eine Charakterisierung, die dem Werk bis heute nachhängt.

explosiven B-Dur führt, die *Chorfantasie op. 80*, in der die c-Moll-Klaviereinleitung in einem emphatischen c-Dur-Chorfinale mündet, oder das 1810/11 entstandene *Streichquartett f-moll op. 95* mit dem Beinamen *Serioso*: Hier wird der kompromisslose Anfang über düster-choralartige Passagen zu einem überraschend beschwingten, rondoartigen Abschluss in F-Dur entwickelt.[228]

Während es also bei Beethoven, musikalisch ausgedrückt, die späte Wendung von Moll zur aufhellenden Dur-Tonart ist, erweist sich bei Goethe oftmals der Schlaf als Weg zum „Happy-End". Man könnte beinah von einer Art Leitmotiv im Schaffen des Dichters sprechen.[229] Rüdiger Safranski führt dieses Phänomen folgendermaßen aus: „Faust versinkt nach Gretchens Tod in einen Schlaf, aus dem er tatenfroh und frei von Schuldgefühlen wieder erwacht. Egmont überwindet seine Todesangst – im Schlaf. Schiller zum Beispiel hätte so etwas nie akzeptieren können. […] Ihm gefiel es nicht, daß Krisen verschlafen und nicht durch freie Handlungen bewältigt werden. Doch Goethe hielt es mit dem Schlaf des Vergessens, diesen gnädigen Wirkungen der Natur."[230]

Auch in den weniger „schlafdominierten" Werken des Dichters findet sich häufig ein glückliches Ende. Um dies jedoch nicht allzu weit auszuführen, sei nur ein beispielhafter Roman Goethes genannt, der trotz aller desillusionierenden Irrungen und Wirrungen auf ein solches hinausläuft: *Wilhelm Meisters Lehrjahre*, erstmals veröffentlicht in den Jahren 1795/96.[231] Obwohl der Protagonist, ein junger Kaufmanssohn, hier mehrfach in zwischenmenschliche wie finanzielle Schwierigkeiten gerät und immer wieder erkennen muss, dass der Weg zu sich selbst kein leichter ist, gelangt

---

[228] Vgl. Baumgartner, Die Komponisten, S. 259.

[229] Ähnliche autorspezifische „Leitmotive" (Träumen, Weinen, Schreien, Stürzen usw.) finden sich vor allem auch bei späteren Schriftstellern wie Kleist, Fontane, Schnitzler, Hesse, Kafka etc.

[230] Safranski, Goethe, S. 257/58.

[231] *Wilhelm Meisters Wanderjahre*, deren erste Fassung 1821 erschien, gelten als Fortsetzung dieses Werks.

er gegen Ende des achten und letzten Bandes doch zu seinem persönlichen Glück. „„Ich kenne den Wert eines Königreichs nicht', versetzte Wilhelm, ‚aber ich weiß, daß ich ein Glück erlangt habe, das ich nicht verdiene und das ich mit nichts in der Welt vertauschen möchte.'"[232]
So der erkenntnisreiche wie zuversichtliche Schlusssatz des goethischen Bildungs- und Entwicklungsromans, dem von Romantikern wie Novalis trotz dieses überaus idealistischen Ausgangs „Verrat an der Poesie" vorgeworfen wurde.[233]

Bezeichnend erscheint nun ferner, dass insbesondere im Spätwerk Goethes und Beethovens, trotz aller Rätselhaftigkeit und Komplexität in der sprachlichen bzw. kompositorischen Anlage, „Happy-End"-Tendenzen deutlich hervortreten. Noch deutlicher gar als in früheren Schaffensphasen. Hierin könnte man einen bloßen Beleg für das vorangeschrittene Alter des entsprechenden Verfassers erkennen, der sich schlichtweg nicht mehr mit dramatischem Sprengstoff à la *Werther* oder *Pathétique* befassen wollte. Vielleicht soll durch das mystisch-verklärte Ende des *Faust II* oder die letztlich überaus optimistischen späten Streichquartette Beethovens aber auch eine Botschaft an die Nachwelt ausgedrückt werden, welche die friedensstiftende Wirkung von Kunst hervorhebt und, allen Lebenswidrigkeiten zum Trotz, ein über alle Leiden triumphierendes, hoffnungsvolles Ideal repräsentiert.
Dass Goethe beispielsweise den Schluss seines *Faust II* im Vergleich zur spätmittelalterlichen Vorlage der *Historia von D. Johann Fausten* (1587) oder Christopher Marlowes Drama *Doctor Faustus* (1594) harmonisierend „abgeschwächt" hat, ist vielen indes unbekannt. [234] Zwar stirbt der Titelheld auch in seiner Fassung, blutig auseinandergefetzt und mit

---

[232] Goethe, Wilhelm Meisters Lehrjahre, S. 639.
[233] Vgl. Safranski, Goethe, S. 578.
[234] Die *Historia* lieh sich Goethe in einer Überarbeitung aus der Weimarer Hofbibliothek und las sie vor Vollendung des *Faust I*; das Drama von Marlowe lernte er erst 1818 kennen.

sämtlichen Körperteilen gegen die Wand geworfen wird er jedoch nicht.[235] Im Gegenteil: Bei Goethe tragen ausgerechnet die Engel des Herrn, Mephistos verhasste Gegenspieler, „Faustens Unsterbliches“[236] davon und entschwinden damit schlussendlich Richtung Himmel.
Das „Streben nach Erkenntnis um jeden Preis“[237] und die mephistophelische Besessenheit haben alle drei Versionen gemeinsam, erst bei Goethe jedoch werden die einseitigen, blutig-grausamen Beschreibungen des Volksbuchs und die titanenhaft-überzeichnete Fokussierung des Marlowe-Dramas ersetzt bzw. erweitert durch existenzialphilsophische und übersinnlich-göttliche Elemente. Nur so erscheint ein „Happy-End“ – die Apotheose – überhaupt erst möglich und plausibel.
„Da menschliche Sprache zur Bezeichung des Göttlichen [im *Faust*] nicht ausreicht, bleibt nur ein Negativ als Hinweis, *das Unbechreibliche* [im *Chorus mysticus*]; ähnlich ist im *Divan* das Emporsteigen in höhere Sphären als Übergang von menschlicher Sprache in übersprachlichen Ausdruck dargestellt.“[238]
Diese Einordnung von Erich Trunz schlägt abschließend eine Brücke zu den späten Streichquartetten Beethovens, welche zuvor bereits angesprochen wurden. Sie können nicht nur als stellvertretend für ein gesamtkompositorisches „Happy-End“ gewertet werden, sondern symbolisieren darüber hinaus eine Kunstauffassung, die sich, genau wie der goethische *Faust*, dem Göttlichen nähert – mithilfe eines übersprachlichen bzw. -musikalischen Ausdrucks, wenn man so will.
Es scheint demnach, als ob Goethe und Beethoven der Nachwelt gewissermaßen beweisen wollten, dass sich alle

---

[235] Im ausgehenden 16. Jahrhundert mögen solche Schilderungen weitaus eher dem Zeitgeist entsprochen haben – besonders aus Gründen der Abschreckung vor dem anmaßenden Gelehrten, der sich auf einen Pakt mit dem Teufel einlässt.
[236] Goethe, Faust, S. 355.
[237] Lehnert, Europäische Literatur, S. 52.
[238] Goethe, Faust, S. 743 (Anmerkungen).

Lebenskämpfe zum Opfer der Dicht- bzw. Tonkunst gelohnt haben. Verdeutlicht wird dies nicht zuletzt durch die Tatsache, dass Goethe bis zum März 1832, bis zwei Monate vor seinem Tod also, am *Faust* arbeitete und ihn einsiegeln ließ mit dem ausdrücklichen Hinweis, das Werk erst posthum zu veröffentlichen[239] – unterdessen Beethoven ebenfalls bis wenige Monate vor seinem Tod an den letzten Streichquartetten feilte. Frei nach dem Motto: „[...] dieser Erdenkreis / Gewährt noch Raum zu großen Taten."[240]

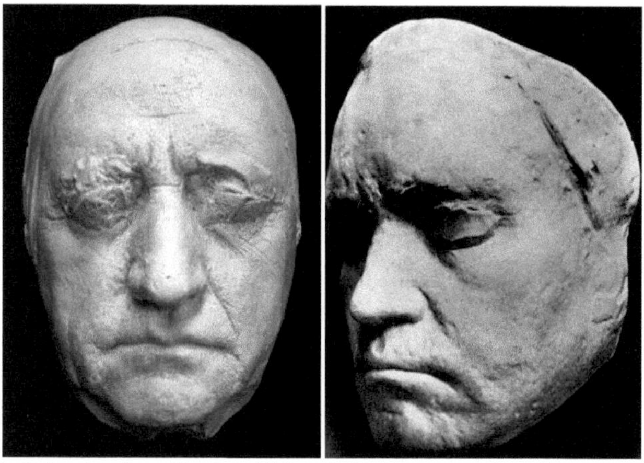

Die Lebendmasken Goethes (links, 1807 abgenommen) und Beethovens (rechts, 1812 abgenommen). Beide müssen sich ihrer Bedeutung für die Nachwelt frühzeitig bewusst gewesen sein.

Bei allen wissenschaftlichen bis metaphysischen Deutungen, die Beethovens Quartetten Opera 127, 130, 131, 132 und 135 (einschließlich der exzessiven *Großen Fuge op. 133*) bis heute widerfahren sind, lässt sich einheitlich feststellen, dass sie bei aller Verklärung – bis hin zur Esoterik – von einem unerschütterlichen Lebenswillen durchdrungen sind. „Das ist der Grund dafür, dass ein Satz, dessen Motto ‚Der schwer

[239] Vgl. Jeßing, Johann Wolfgang Goethe, S. 99.
[240] Goethe, Faust, S. 308.

gefaßte Entschluß' ist (mit Fragmenten wie ‚Muß es sein?' – ‚Es muß sein!'), in der überschwänglich fröhlichen Stimmung des Finales von op. 135 enden kann."[241]

Interessant ist überdies, dass Beethovens späte Streichquartette von der Nachwelt immer wieder als Bezugnahmen auf Goethes *Faust* oder gar als Vertonungen desselbigen interpretiert wurden. So war Arnold Schering 1936 bei weitem nicht der erste, der das „Faustische" in Beethovens Werk zu erkennen glaubte.[242] Auch Richard Wagner verwies bereits in einem Essay aus den frühen 1870er Jahren auf die (angebliche) Verwandtschaft von Goethes Tragödie und Beethovens 14. Streichquartett: „Das einleitende längere Adagio, wohl das Schwermütigste, was je in Tönen ausgesagt worden ist, möchte ich mit dem Erwachen am Morgen des Tages bezeichnen, ‚der in seinem langen Lauf nicht einen Wunsch erfüllen soll, nicht einen!'[243] Doch zugleich ist es ein Bußgebet, eine Berathung [sic!] mit Gott im Glauben an das ewige Gute."[244]
Stets wiederkehrende, Erlösung verheißende Elemente durchziehen also auch das siebensätzige (!) *Streichquartett cis-Moll op. 131*[245] – wie im *Faust* wird ein „Happy-End" mehrfach in Aussicht gestellt, letztlich aber nur mit schwersten Abstrichen errungen. Dass Beethovens kühne Harmonien hier bis auf Mahlers Sinfonik vorausweisen, entspricht der unfassbaren Modernität des *Faust II*: Beide Werke rechnen auf ihre Art mit herkömmlichen Gestaltungsmustern ab, verarbeiten zeitgenössische Missstände – und machen die Sehnsucht nach Geistesfrieden, nach einem „Happy-End", zum zentralen Thema.

---

241 CD-Booklet, Streichquartette Nr. 12 & 16, Abschnitt „Die Musik".
242 Siehe S. 38.
243 Ausspruch Fausts gegenüber Mephisto im Studierzimmer (*Faust I*).
244 Heidrich, Die Streichquartette, S. 211.
245 Beethoven soll es als sein bestes Werk erachtet haben; Schubert ließ es sich kurz vor seinem Tode mehrfach vorspielen.

Aus *Hávamál*, dem alten Sittengedicht der *Edda*[246]

(35)
Jung war ich einst,
einsam zog ich,
da ward wirr mein Weg;
glücklich war ich,
als den Begleiter ich fand:
den Menschen freut der Mensch.

(40)
Wenn du einen Freund hast,
dem du fest vertraust
und von dem du Gutes begehrst,
tausch mit ihm Gedanken
und bedenk ihn mit Gaben,
suche oft ihn auf!

(44)
Zum falschen Freund
geht ein Fehlweg hin,
wenn er am Weg auch wohnt;
doch zum guten Freund
führt ein grader Steig,
zog er auch fernhin fort.

[246] Die Edda, S. 128/29.

(3) Die Beziehung Goethe–Beethoven

(3.1) **Annäherungsversuche**

Wie im Kapitel 1.2 bereits dargelegt wurde, geriet Beethoven schon zur Bonner Jugendzeit mit Goethes Dichtung in Kontakt. Besonders zahlreiche Vertonungen von Texten des Dichterfürsten entstanden schließlich 1809 und 1810 – exemplarisch die Liedzyklen Opus 75 und 83.

Goethe indes kam erst wesentlich später mit der Musik des 21 Jahre jüngeren Beethoven in Berührung. Laut einem Tagebucheintrag erstmalig am 13. Oktober 1807 durch eines seiner Weimarer Hauskonzerte[247], die er nach der Jahrhundertwende ins Leben gerufen hatte. Als Veranstaltungen musikhistorischen Rangs sind sie – ähnlich den Wiener Schubertiaden – nicht zu unterschätzen: „Der junge Verein [Sängerkreis um Goethe] blühte in kurzem dergestalt auf, daß er weit über Goethes Häuslichkeit hinaus für das Weimarer Kunstleben Bedeutung erlangte. Man begann meist mit Kirchenmusik und ging dann über die weltliche Musik ernster Art [...] schließlich zu Proben komischer Musik über. Bei den weltlichen Nummern pflegte Goethe selbst mit Anweisungen über Tempo und Vortrag [!] einzugreifen. [...] Der Dichter liebte [...] dieses zwanglose, gesellige Musizieren."[248]

In diesem beschriebenen Rahmen erklang jedenfalls, wie gesagt im Jahre 1807, die szenenhafte Arie *Ah perfido! – Per pietà, non dirmi addio* (op. 65), welche von Beethoven bereits 1796 komponiert und 1805 gedruckt worden war.[249] Das Sopransolo übernahm Henriette Häßler[250], eine vielseitige Interpretin und spätere Gattin des Opernkomponisten Carl Eberwein (1786-1868), der wiederum als musikalischer Organisator von Goethes Hauskonzerten fungierte.[251]

[247] Vgl. Wilpert, Goethe-Lexikon, S. 86.
[248] Abert, Goethe und die Musik, S. 35/36.
[249] Vgl. Küster, Beethoven, S. 183.
[250] Vgl. Wilpert, Goethe-Lexikon, S. 86.
[251] Vgl. Abert, Goethe und die Musik, S. 35.

Dass Goethe von Beethoven erst wesentlich später erfuhr als andersherum, lässt sich auch darauf zurückführen, dass letzterer im mittel- und norddeutschen Raum erst um 1810 als Komponist bekannt(er) wurde, denn vorher hatte sich sein Ruhm in erster Linie auf die pianistisch-improvisatorischen Fähigkeiten begründet – ein Umstand, der gern außer Acht gelassen wird. Dass Beethovens Werke aber nun auch über die Grenzen Habsburgs hinaus Verbreitung fanden, ist besonders dem Dichter und Komponisten Ernst Theodor Amadeus (E.T.A.) Hoffmann zu verdanken[252], der für die Leipziger *Allgemeine musikalische Zeitung*[253] eine begeisterte Rezension über die *Fünfte* schrieb. Darin hieß es: „[…] Beethovens Instrumental-Musik [eröffnet uns] das Reich des Ungeheueren und Unermesslichen. Glühende Strahlen schiessen durch dieses Reiches tiefe Nacht, und wir werden Riesenschatten gewahr, die auf- und abwogen, enger und enger uns einschliessen, und alles in uns vernichten, nur nicht den Schmerz […] der Liebe, Hoffnung, Freude in sich verzehrend, aber nicht zerstörend, unsre Brust mit einem vollstimmigen Zusammenklange aller Leidenschaften zersprengen will, leben wir fort und sind entzückte Geisterseher.“[254]

Zwar stand Goethe dem Romantiker Hoffmann, der 1813 einen weiteren emphatischen Essay über Beethovens Instrumentalmusik verfasste[255], alles andere als nahe[256], doch sind dessen musikkritische Äußerungen unumgänglich, wenn man bestrebt ist, nachzuvollziehen, welchen Bekanntheitsgrad der Komponist genoss, als er sich dem ruhmreichen Poeten Goethe persönlich anzunähern begann. Richtungsweisend für diese Annäherung der beiden „Giganten“ sollte das Jahr 1810 aber noch aus einem weiteren, konkreteren

[252] Vgl. Küster, Die Sinfonien, S. 60 und 63.

[253] Dieses renommierte Musikblatt ist 1798 von Friedrich Rochlitz und Beethovens Verleger Gottfried Christoph Härtel begründet worden.

[254] Küster, Beethoven, S. 236/37.

[255] Vgl. Geck, Ludwig van Beethoven, S. 157/58.

[256] Vgl. Wilpert, Goethe-Lexikon, S. 479.

Grund werden, nämlich der Komposition von Beethovens *Egmont*-Musik auf Grundlage des goethischen Dramas. Den Auftrag dazu hatte das Wiener Hofheater ausgeschrieben, denn es sollten zwei jüngere Dramen auf die Bühne gebracht werden, „die den Aufstand eines Volkes gegen Fremdherrschaft glorifizierten“[257]: Schillers *Wilhelm Tell* und eben Goethes *Egmont*. Die Vertonung des ersteren übernahm sodann der Hoftheater-Kapellmeister Adalbert Gyrowetz[258], die des letzteren Beethoven. Möglicherweise ist hierin ein starkes Urteil des Goethe-Verehrers erkennbar, der den niederländischen Feldherren dem Schweizer Nationalhelden vorzog – obwohl Egmont, Schiller zufolge, anderen Dramenfiguren wie Macbeth, Richard III. oder Götz von Berlichingen nicht das Wasser reichen könne.[259] Fest steht jedenfalls, dass Beethoven aus Verehrung zum Verfasser auf das Honorar für seine *Egmont*-Vertonung verzichtete.[260] Das will schon etwas heißen.

Was aber machte er aus Goethes zwischen 1775 und 1788 entstandenem Stück? Neben einigen Intermezzi, zwei Liedern auf Worte Klärchens (*Die Trommel gerühret!* und *Freudvoll und leidvoll*) sowie einer Siegessinfonie zeichnet sich die Schauspielmusik (op. 84) vor allem durch ihre Ouvertüre aus, welche den Zeitgeschmack überdauerte und heute zu den charakteristischsten Kompositionen Beethovens gezählt wird, da sich in ihr „autonomer Gestaltungswille mit einer Hommage an Goethes Dramenfigur [...] verbindet [...]“[261]. Ähnlich der *Coriolan-Ouvertüre*[262] verdichtet sie den Drameninhalt in knappen zehn Minuten auf höchst effektvolle Weise: „Wuchtige Akkorde stellen den Unterdrücker Alba vor. Die klagenden Stimmen der Niederländer drängen sich vor, dann kommt aus einem Motiv

---

257 Caeyers, Beethoven, S. 457.

258 Vgl. Küster, Beethoven, S. 265.

259 Vgl. Caeyers, Beethoven, S. 458.

260 Vgl. ebd., S. 457.

261 Geck, Das Treffen in Teplitz, S. 2.

262 Siehe S. 33/34.

Hoffnung auf Befreiung. Der Kampf beginnt. Egmont fällt. Doch der Freiheitswille des Volkes ist ungebrochen. Mit Siegesfanfaren [...] endet die Ouvertüre."[263] So die parataktische „Inhaltsangabe" des Komponistenlexikons von Baumgartner. Wie Goethe selbst auf Beethovens dramatische Vertonung reagierte, soll im weiteren Verlauf des Kapitels dargelegt werden.

Die Schriftstellerin Bettine von Arnim, geborene Brentano, war es nun, die Beethoven seinen lang ersehnten Wunsch erfüllte: Die persönliche Bekanntschaft mit Goethe. Als Enkelin der bekannten Schriftstellerin Sophie von La Roche und Tochter der Maximiliane von La Roche, einer Jugendliebe des Dichters[264], hatte sie nach ihrem Umzug nach Frankfurt zunächst ein enges Verhältnis zu Goethes Mutter geknüpft[265], bevor sie ein Jahr später, 1807, auch mit ihrem literarischen Idol selbst zusammentraf.[266] Nach Goethes Tod sollte sie ein Buch herausbringen: *Goethes Briefwechsel mit einem Kinde*, das „mehr Dichtung als Wahrheit"[267] beinhaltet. Nicht zuletzt deswegen hat sie die Forschung oftmals als unzuverlässige, schwärmerische, flatterhafte oder gar belanglose Informationsquelle diffarmiert. Als erste Vermittlerin zwischen Goethe und Beethoven ist sie jedoch nicht hoch genug einzuschätzen. Letzteren lernte sie sodann während eines Wien-Aufenthaltes Ende Mai 1810 bei ihrer Schwägerin Antonie Brentano kennen.[268]

Am 28. Juli 1810 schrieb Bettine daraufhin aus dem böhmischen Bukowan an Goethe: „[...] wo etwas gutes ist, da entwickelt sichs schnell an mir, und so auch dieser Beethoven, von dem ich Dir jetzt sprechen will. man [sic!] sagt er sey

---

[263] Baumgartner, Die Komponisten, S. 255.

[264] Maximiliane waren angeblich die schwarzen Augen Lottes im *Werther* zugeschrieben.

[265] Die beiden verband ein langjähriger Briefwechsel, in dem sich Bettine en detail Kindheitsszenen Goethes beschreiben ließ.

[266] Vgl. Wilpert, Goethe-Lexikon, S.

[267] Safranski, Goethe, S. 525.

[268] Vgl. Lühning, Bettine Brentano zwischen Beethoven und Goethe, S. 146.

hässlich; aber die Liebe, die er zu Dir trägt, hat ihm einen Panzer angelegt, indem er alle äusserliche Schwachheit gegen mich geborgen ist [?]. jetzt geb acht! An diesem geht die ganze Welt auf und nieder wie“[269] – an dieser Stelle bricht der Bericht ab. Die nächstfolgende Erwähnung Beethovens findet sich im schon genannten Roman *Goethes Briefwechsel mit einem Kinde*. Wenn man über Authentizitätszweifel und etwaige sprachliche Abschweifungen hinwegsieht, durchaus faszinierte wie faszinierende Darstellungen in – damals noch immer ungemein populärer – Briefform. So heißt es in einem Schreiben an Goethe, das auf den 28. Mai 1810 datiert ist: „Wie ich diesen sah, von dem ich Dir jetzt sprechen will, da vergaß ich der ganzen Welt [...]. [...] Es ist Beethoven, von dem ich Dir jetzt sprechen will, und bei dem ich der Welt und Deiner [!] vergessen habe; ich bin zwar unmündig, aber ich irre nicht, wenn ich ausspreche (was jetzt vielleicht keiner versteht und glaubt), er schreitet weit der Bildung der ganzen Menschheit voran, und ob wir ihn je einholen? – Ich zweifle; möge er nur leben, bis das gewaltige und erhabene Rätsel, was in seinem Geiste liegt, zu seiner höchsten Vollendung herangereift ist, ja, möge er sein höchstes Ziel erreichen [...]. Vor Dir kann ich's wohl bekennen, daß ich an einen göttlichen Zauber glaube, der das Element der geistigen Natur ist, diesen Zauber übt Beethoven in seiner Kunst [...]. [...] Das ganze menschliche Treiben geht wie ein Uhrwerk an ihm auf und nieder[270] [...].“[271]

Inwiefern Bettine die Berichte ihrer Begegnungen mit Beethoven verfälschte bzw. ausschmückte, bleibt weiterhin offen. Im selben Brief an späterer Stelle finden sich jedenfalls zwei Aussprüche des Komponisten, die mittlerweile ziemliche Berühmtheit erlangt haben – ob authentisch oder nicht: „[...] er selber sagte: ‚Wenn ich die Augen auf-

[269] Lühning, Bettine Brentano zwischen Beethoven und Goethe, S. 145.

[270] Diese Stelle lässt Verwandtschaft zum zitierten Bericht erkennen (siehe oben).

[271] Arnim, Goethes Briefwechsel mit einem Kinde, S. 381/82.

schlage, so muß ich seufzen; denn, was ich sehe, ist gegen meine Religion, und die Welt muß ich verachten, die nicht ahnt, daß Musik höhere Offenbarung ist als alle Weisheit und Philosophie [...]. [...] mir ist auch gar nicht bange um meine Musik, die kann kein bös Schicksal haben, wem sie sich verständlich macht, der muß frei werden von all dem Elend, womit sich die andern schleppen.' – Dies alles hat mir Beethoven gesagt, wie ich ihn zum ersten Mal sah [...]."[272]

Wenn Goethe 1810 tatsächlich denselben Brief erhielt, den Bettine in ihren Roman einfließen ließ, wird die Beschreibung Beethovens, der ihm bis dato nur von einer einzigen Arie antiken Inhalts[273] bekannt war, keinen geringen Eindruck auf ihn gemacht haben. Schließlich war er ein Sohn des 18. Jahrhunderts, d.h. Komponisten, die sich auf einmal als Ideenkünstler[274] statt als bloße Hofmusikanten begriffen, *mussten* ihm zunächst überaus fremd erscheinen. Hinzu kam außerdem sicherlich die Angst vor einer möglichen Konkurrenz in Sachen Berühmtheit. Dies mag arrogant wirken, aber Goethe verspürte nun mal eine gründliche Skepsis gegenüber selbstgewissen, leidenschaftlichen Künstlern, die er noch nicht hinreichend unter die Lupe genommen hatte. Es ist die gleiche Konkurrenzangst, die ihn anfangs auch bei Schiller geplagt hatte. „Wie aber wehrt man sich gegen aufkeimende Gefühle des Neides angesichts des Vortrefflichen? Die Antwort, die Schiller [...] darauf geben kann, lautet: indem man das Vortreffliche liebt."[275]

Auf die Beziehung Goethe–Beethoven trifft diese simple Maxime jedoch nicht direkt zu. Schließlich war Beethoven kein Literat, sondern ein revolutionärer Vertreter der „niederen" Kunstrichtung, „der den Anspruch erhob, in den

---

[272] Arnim, Goethes Briefwechsel mit einem Kinde, S. 382/83.
[273] In *Ah perfido!* besingt die Königstochter Deidamia (mit Worten Pietro Metastasios) die Verschmähung ihres Gatten Achill, der sie zurückließ, als er in den Trojanischen Krieg zog.
[274] Siehe S. 37/38.
[275] Safranski, Goethe, S. 406.

höchsten Kreisen wie ein Napoleon der Musik zu verkehren. Dabei hatte er selbst, Goethe, ein halbes Leben gebraucht, um als ‚Excellenz' respektiert und als Dichterfürst gewürdigt zu werden."[276]

Wie reagierte er also auf Bettines „Empfehlungsschreiben"? Höchst interessiert: „Sage Beethoven das Herzlichste von mir, und daß ich gern Opfer bringen würde, um seine persönliche Bekanntschaft zu haben, wo denn ein Austausch von Gedanken und Empfindungen gewiß den schönsten Vorteil brächte, vielleicht vermagst Du so viel über ihn, daß er sich zu einer Reise nach Karlsbad bestimmen läßt, wo ich doch beinah' jedes Jahr hinkomme und die beste Muße haben würde, von ihm zu hören und zu lernen; ihn belehren zu wollen, wäre wohl selbst von Einsichtigern als ich Frevel, da ihm sein Genie vorleuchtet und ihm oft wie durch einen Blitz Hellung gibt, wo wir im Dunkel sitzen und kaum ahnen, von welcher Seite der Tag anbrechen werde."[277]

Warum vermochte Goethe Beethoven derart zuvorkommend zu behandeln? Wahrscheinlich, weil er vor Bettine bereits durch Zelter von dem Bonner Komponisten gehört hatte. Dieser nämlich hatte Beethoven 1796 in Berlin kennengelernt[278] und „von seiner Kunst der freien Phantasie den stärksten Eindruck gehabt"[279]. Das Adjektiv „stark" muss in diesem Kontext allerdings negativ aufgefasst werden, denn „Zelter war ein Anhänger des alten Stils und schwor auf das Traditionelle, handwerklich Gediegene [...]. [...] Er meinte, sie [Beethovens Musik] habe einen weiblichen Vater oder eine männliche Mutter [...]"[280] – eine aus heutiger Sicht ziemlich befremdliche Charakterisierung.

So ist es aber vorstellbar, dass Goethe unmittelbar vor seinem ersten Zusammentreffen mit Beethoven ziemlich

---

[276] Geck, Das Treffen in Teplitz, S. 5.

[277] Arnim, Goethes Briefwechsel mit einem Kinde, S. 388/89.

[278] In Zelters Heimat war Beethoven im Mai und Juni 1796 vor König Friedrich Wilhelm II. aufgetreten, dem er später seine *Cellosonaten op. 5* widmete.

[279] Abert, Goethe und die Musik, S. 37.

[280] Caeyers, Beethoven, S. 469

gespannt gewesen sein dürfte: Die emphatische Begeisterung Bettines stand der ablehnenden Haltung Zelters gegenüber. Zwar gilt letzterer, wie in Kapitel 1.1 dargestellt, als hauptsächlicher Berater des Dichters in Sachen Tonkunst, doch sollte Bettines musikalischer Einfluss auf Goethe, zumindest zwischen 1807 und dem Zerwürfnis im Jahr 1811[281], nicht unterschätzt werden. Ihre Korrespondenz ging über laienhafte Nichtigkeiten weit hinaus: Erkennbar z.B. daran, dass die emsige Bettine mehrfach als „Notenbeschaffungsquelle" gebraucht wurde – etwa im November 1809, als der Dichter sie brieflich um die Abschrift einiger Werke des italienischen Barockkomponisten Benedetto Marcello bat.[282]

Und auch das Vorhaben der Bekanntmachung mit Beethoven trieb Bettine noch weiter voran. Folglich schrieb sie als Antwort auf Goethes interessierten Brief: „Dem Beethoven hab' ich Deinen schönen Brief mitgeteilt […] er war voll Freude und rief: ‚Wenn ihm jemand Verstand über Musik beibringen kann, so bin ich's.'"[283]

Wie ist eine solche Äußerung zu bezeichnen, wenn nicht als „prometheisch-selbstbewusst"[284]? Trotz großer anfänglicher Schüchternheit wagte Beethoven nun seine eigene briefliche Kontaktaufnahme mit dem Vorbild. Am 12. April 1811 brachte er folgende Zeilen zu Papier: „Bettine Brentano hat mich versichert, daß sie mich gütig, ja sogar freundschaftlich aufnehmen würden. Wie könnte ich aber an eine solche Aufnahme denken, indem [wenn] ich nur imstande bin, Ihnen mit der größten Ehrerbietung, mit einem unaussprechlichen, tiefen Gefühl für Ihre herrlichen Schöpfungen zu nahen. – Sie werden nächstens die Musik zu Egmont […] erhalten, diesem herrlichen Egmont, den ich, indem ich ihn ebenso warm, als ich ihn gelesen, wieder durch Sie gedacht,

[281] Vgl. Lühning, Bettine Brentano zwischen Beethoven und Goethe, S. 145.
[282] Vgl. Wilpert, Goethe-Lexikon, S. 671.
[283] Arnim, Goethes Briefwechsel mit einem Kinde, S. 389.
[284] Siehe S. 46.

gefühlt und in Musik gegeben habe. – Ich wünsche sehr, Ihr Urteil darüber zu wissen: auch der Tadel wird mir für mich und meine Kunst ersprießlich sein und so gern wie das größte Lob aufgenommen werden."[285]

Für die Übermittlung dieses Briefes schickte Beethoven extra einen guten Freund nach Weimar, den Pianisten und Bankier Franz von Oliva.[286] Goethe empfing ihn am 3., 4. und 6. Mai 1811 in seinem Haus am Frauenplan und ließ sich von ihm einige Beethoven-Werke auf dem Flügel vorspielen – möglicherweise auch schon Auszüge aus der frisch komponierten Musik zum *Egmont*.[287]

Weitere Informationen zu jenen Tagen erhalten wir ferner durch den Kölner Kaufmann Johann Sulpiz Boisserée, einem Liebhaber aller Kunstformen und engen Vetrauten des alten Goethe.[288] „In dem Musiksaal", berichtet dieser, „hingen Runges Arabesken, oder symbolisch-allegorische Darstellungen von Morgen, Mittag, Abend und Nacht. Goethe merkte, daß ich sie aufmerksam betrachtete, griff mich in den Arm und sagte: Was, kennen Sie das noch nicht? Da sehen Sie einmal, was das für Zeug ist, zum Rasendwerden, schön und toll zugleich. Ich antwortete: ja ganz wie die Beethovensche Musik, die der [Oliva] da spielt, wie unsere ganze Zeit."[289]

Goethes zweite Berührung mit Beethoven'scher Musik wird also mit den Schöpfungen des frühromantischen Malers Philipp Otto Runge (1777-1810) gleichgesetzt, welcher der gleichen Generation wie der Komponist angehörte und sich in ähnlichem künstlerischen Fahrwasser bewegte wie der heute ungemein bekanntere Caspar David Friedrich.

Wie der Dichter konkret auf die Musik reagierte, die ihm der Gast aus Wien Anfang Mai 1811 zu Gehör brachte, ist indes nicht eindeutig überliefert. Eine schriftliche Antwort an den

---

[285] Beethoven Briefe, S. 25/26.
[286] Vgl. Geck, Das Treffen in Teplitz, S. 3.
[287] Vgl. Wilpert, Goethe-Lexikon, S. 787.
[288] Vgl. ebd., S. 124/25.
[289] Geck, Das Treffen in Teplitz, S. 3.

Komponisten verfasste er zwar nicht[290], aber immerhin ließ er Oliva ausrichten, dass Weimar Beethoven mit Freude empfangen werde.[291]

Die im April 1811 versprochene Partitur von Beethovens Schauspielmusik ließ indes auf sich warten, weil der Verlag von den Erfolgsaussichten eines Druckes noch nicht recht überzeugt war. Folglich schrieb Beethoven im Oktober 1811 mit seinem typischen Nachdruck an Breitkopf & Härtel: „[…] schicken sie doch die ganze Partitur meinetwegen abgeschrieben auf meine Kosten […] an Göthe [sic!], wie kann ein deutscher erster Verleger gegen den ersten deutschen dichter [sic!] so unhöfflich [sic!] so grob seyn? Also geschwinde die Partitur nach Weimar."[292] Erst am 23. Januar 1812 notierte Goethe schließlich den Empfang der Partitur.[293] Die schriftliche Stellungnahme gegenüber Beethoven sollte dennoch ausbleiben. Erst wesentlich später, im Jahre 1821, soll der Dichter die Vertonung des *Egmont* mit den Worten gelobt haben: „Beethoven ist mit bewundernswertem Genie in meine Intentionen eingegangen […]."[294]

Bettines Schuldigkeit war damit längst getan, will sagen: Die goethische Neugier auf die Person Beethovens ausreichend geweckt. Allerdings distanzierten sich sowohl der Dichter als auch der Komponist nach Verstreichen des Jahres 1812 vollkommen von der jungen Literatin[295] – sie war schlichtweg zu anstrengend geworden in ihrer „Jagd" nach den beiden Idolen. Die Nachwelt vermag dies nachzuempfinden, da sie in späteren Jahren neben *Goethes Briefwechsel mit einem Kinde* auch drei angeblich ihr zugedachte

290 Vgl. Lühning, Bettine Brentano zwischen Beethoven und Goethe, S. 159.
291 Vgl. Caeyers, Beethoven, S. 469/70.
292 Lühning, Bettine Brentano zwischen Beethoven und Goethe, S. 159.
293 Vgl. ebd.
294 Baumgartner, Die Komponisten, S. 255.
295 Vgl. Lühning, Bettine Brentano zwischen Beethoven und Goethe, S. 164.

Briefe Beethovens publizieren ließ, „von denen nur der zweite mit Sicherheit authentisch ist“.[296]
Da Goethes Mutter im Oktober 1808 verstorben war[297], hatte sich auch dieser Verbindungspunkt verloren. Außerdem war der Dichter wohl nicht imstande, Bettine zu verzeihen, dass sie seine Ehegattin Christiane im Streit als „dicke Blutwurst“ beschimpft hatte[298] – vermutlich eine Eifersuchtstat, denn es ist davon auszugehen, dass die spätere Frau Arnim[299] Goethe nicht nur auf poetische Weise anhimmelte.[300]

Bettine von Arnim (1785-1859) – Quälgeist, aber auch wichtige erste Vermittlerin (Porträtzeichnung von Franz Hanfstaengl, um 1850).

[296] Geck, Ludwig van Beethoven, S. 76.
[297] Vgl. Safranski, Goethe, S. 525.
[298] Vgl. ebd., S. 585.
[299] Im Frühjahr 1811 heiratete Bettine den romantischen Dichter Achim von Arnim, der mit ihrem Bruder, Clemens Brentano, die Volksliedsammlung *Des Knaben Wunderhorn* herausbrachte.
[300] Vgl. Safranski, Goethe, S. 525.

Vor 1812 kam es jedoch nicht mehr zur geplanten Begegnung. Goethe verzeichnete den Empfang der *Egmont*-Partitur erst am 23. Januar 1812 in seinem Tagebuch[301] – warum auch immer. Doch im Juli des Jahres fand das „historische Rendezvous"[302] endlich statt – eine geschichtsträchtige Begegnung, wie sie sich wohl nur alle 200 Jahre ereignet.

(3.2) **Die persönliche Begegnung**

Angesichts der zahlreichen „Anlaufschritte" und Vermittlungen von außerhalb erscheint es beinah paradox, dass die erste Begegnung Goethes und Beethovens im Juli 1812 letztlich doch eher zufällig stattfand. Zumindest der Ort der Zusammenkunft war nicht vorausgesehen: Teplitz anstelle des von Goethe vorgeschlagenen, gute 80 Kilometer entfernten Karlsbad. Hierhin nämlich wurde „Beethoven von seinem Arzt geschickt […] und Goethe von seinem Herzog gerufen […], um die Kaiserin Maria Ludovica von Österreich, Gemahlin Franz' II.[303], durch seine Gesellschaft zu erfreuen. Im Jahr zuvor hatte es der Zufall nicht gewollt: 1811 war Goethe schon Ende Juni wieder abgereist und Beethoven erst Anfang August nach Böhmen gefahren. Doch 1812 weilten beide 10 Tage lang am selben Ort: Teplitz."[304]
Wie hat man sich diesen Kurort aus heutiger Sicht aber vorzustellen? Gewissermaßen als *das* böhmische Wellness- und High-Society-Zentrum der damaligen Zeit. Am Südhang des Erzgebirges gelegen, ausgestattet mit zahlreichen Quellen, Alleen, Marktplätzen und sogenannten Trinkhallen erwies sich Teplitz (heute Teplice) als Treffpunkt einflussreicher Staatsmänner und Geistesgrößen, die entweder aus tatsäch-

---

[301] Vgl. Lühning, Bettine Brentano zwischen Beethoven und Goethe, S. 159.
[302] Caeyers, Beethoven, S. 470.
[303] Nach Auflösung des Heiligen Römischen Reiches Deutscher Nation (1806) Kaiser Franz I. von Österreich.
[304] Lühning, Bettine Brentano zwischen Beethoven und Goethe, S. 159.

lich gesundheitlichen oder aus prestigeträchtigen Gründen hier weilten. „Man steigt ab im Grand-Hôtel zur Post, im Goldenen Schiff oder in der Goldenen Sonne – sofern man nicht gleich im Schloss wohnt, das der österreichischen Familie Clary-Aldringen gehört, jedoch dem gesamten Hochadel offensteht. 1812 gibt dort das österreichische Kaiserpaar seine Empfänge [...]“[305] und ein gutes Jahr später werden hier die drei Alliierten Österreich, Preußen und Russland ihr Bündnis gegen Napoleon beschließen.[306]
Die Habsburger Regenten sollten noch eine folgenreiche Rolle spielen für das Treffen Goethes und Beethovens. Zunächst muss jedoch festgestellt werden, dass Teplitz – obwohl der Komponist die „alte Elite, ihren Stil und ihre Tricks“[307] bekanntermaßen zu verachten pflegte – einen offenkundig günstigen bzw. bequemen Ort für die erste Begegnung der beiden darstellte: „Denn kaum würde sich [der nahezu vollständig ertaubte] Beethoven von Wien nach Weimar aufgemacht haben, bloß um dem Dichterfürsten aufzuwarten. Und fast abwegig erscheint der Gedanke, der über sechzig Jahre alte Goethe hätte von sich aus den Kontakt zu dem eine Generation Jüngeren gesucht.“[308]
Darüber hinaus diente die „damalige Kurkultur [...] auch dem kulturellen Austausch“[309] – das kam Goethe und Beethoven freilich entgegen. Wie genau – d.h. Tag für Tag – ging es aber nun vor sich, nachdem beide Herrschaften in Teplitz angekommen waren? „Als unter dem 15. Juli [1812] aufgeführt wird: ‚Hr. Johann Wolfgang von Goethe, herzogl. Weimarischer Geh. Rat usw. usw., im goldenen Schiff Nr. 116‘, ist [...] der ‚Compositeur‘ Ludwig van Beethoven elektrisiert, der schon seit dem 5. Juli in Teplitz weilt und im Gasthof Zur Eiche wohnt.“[310]

---

[305] Geck, Das Treffen in Teplitz, S. 1.
[306] Vgl. ebd.
[307] Caeyers, Beethoven, S. 471.
[308] Geck, Das Treffen in Teplitz, S. 2.
[309] Ebd.
[310] Ebd., S. 1

Ob „elektrisiert“, nervös oder gespannt: Am genannten Datum dürfte Beethoven sich gefühlt haben wie im April 1787, als er mit 17 Jahren erstmals Mozart gegenüberstand[311] – Goethe hatte eine vergleichbare Ehrfurcht wohl zuletzt zu Leipziger Studiumszeiten (genauer gesagt 1765/66) empfunden, als er einem gewissen Gotthold Ephraim Lessing aus mangelndem (literarischen) Selbstvertrauen sogar ausgewichen war.[312]

Beethoven trieb die Annäherung jedenfalls erneut voran. Bereits auf seiner Reise nach Teplitz hatte er in Prag den Schriftsteller und Diplomaten Karl August Varnhagen von Ense (1785-1858) getroffen, den er nun bat, Goethe seine Verehrung zu übermitteln und „vorsorglich auf seine Taubheit vorzubereiten“[313]. Varnhagen erwies ihm diesen Dienst und berichtete dem Geheimrat, dass Beethoven ungeachtet seines Gehörleidens zwar nicht die Worte eines Gesprächs, doch stets seine *Melodie* vernehme.[314] Damit stellt sich der Düsseldorfer als zweitwichtigster (weil späterer) Vermittler zwischen Goethe und Beethoven heraus.

„Kaum in Teplitz angekommen, wendet sich Beethoven erneut an Varnhagen und bittet ihn, von Prag aus ‚die 3 Theile von Göthes [sic!] Wilhelm Meister's Lehrjahre hieher mit dem Postwagen zu schicken, da sich der 4te fehlende gefunden hat‘.“[315] Möglicherweise will er also seine Goethe-Lektüre angesichts des näherrückenden Treffens auffrischen.[316]

Wie auch immer: Am 19. Juli 1812 standen Goethe und Beethoven schließlich erstmals einander gegenüber.[317]

---

[311] Vgl. Caeyers, Beethoven, S. 86.

[312] Vgl. Safranski, Goethe, S. 43.

[313] Geck, Das Treffen in Teplitz, S. 3.

[314] Vgl. ebd.

[315] Ebd.

[316] Dass Beethoven außerdem zwei Tage nach seiner Ankunft in Teplitz, am 6. und 7. Juli 1812, den Brief an seine „Unsterbliche Geliebte“ verfasste, soll hier nicht Thema sein.

[317] Vgl. Lühning, Bettine Brentano zwischen Beethoven und Goethe, S. 160.

Wahrscheinlich hatte sich der Komponist dafür ins Goldene Schiff begeben, denn Goethe hielt die Begegnung in seinem Tagebuch unter den „Visiten" (Empfängen) fest[318] – ein von A bis Z arrangiertes Treffen, wie im Briefwechsel mit Bettine noch ausdrücklich angestrebt, wurde es also nicht. Nichtsdestoweniger hinterließ Beethoven offensichtlich einen großen Eindruck auf den Dichterfürsten, denn noch am selben Abend schrieb dieser an seine Frau Christiane, die im relativ nahe gelegenen Karlsbad weilte[319]: „Zusammengefaßter, energischer, inniger habe ich noch keinen Künstler gesehen. […] Ich begreife recht gut wie er gegen die Welt wunderlich sein muß."[320]

Damit spielt Goethe bereits auf das Gehörleiden Beethovens an – dazu jedoch später mehr. Schon am Folgetag, dem 20. Juli 1812, trafen sich die beiden aufs Neue: Diesmal zu einer gemeinsamen Spazierfahrt auf der Chaussee in Richtung des benachbarten Kurortes Bilin.[321] „Der Komponist muss sich dabei keineswegs als Anhängsel betrachten, denn im Umkreis von Teplitz bewegt er sich geradezu auf heimischem Boden: Das Biliner Barockschloss gehört der ihm ungemein wohlgesinnten Familie Lobkowitz."[322]

Es begegneten sich also zwei Menschen auf Augenhöhe – wir sollten dies im Hinterkopf behalten. Denn zu oft wurden Darstellungen vorgenommen, welche „das ganze Zusammentreffen zu einem grotesken Disput zwischen einem flegelhaften Republikaner und einem empfindlichen aristokratischen Formenwächter herabwürdigte[n]"[323].

Bevor an späterer Stelle Goethes und Beethovens tatsächliche Positionen zum Adel untersucht werden, muss jedoch erst einmal klargestellt werden, dass sich die beiden „Klassiker" im Jahre ihrer Begegnung durchaus ebenbürtig waren

---

[318] Vgl. Geck, Das Treffen in Teplitz, S. 3.
[319] Vgl. ebd., S. 4.
[320] Lühning, Bettine Brentano zwischen Beethoven und Goethe, S. 160.
[321] In Goethes Tagebuch findet sich hierzu der Eintrag „Abends mit Beethoven nach Bilin zu [in Richtung Bilin] gefahren."
[322] Geck, Das Treffen in Teplitz, S. 4.
[323] Abert, Goethe und die Musik, S. 39.

hinsichtlich ihres Ansehens und „Anhängsel-Komplexe“ daher wohl wirklich nicht nötig waren: Beethoven, der 1812 seine siebte und achte Sinfonie vollendete und Ende 1813 mit der Aufführung von *Wellingtons Sieg* seinen größten Triumph erleben sollte[324], stand gleichermaßen auf dem Gipfel des künstlerischen Ruhmes wie Goethe, der 1812 bereits die *Wahlverwandtschaften*, die *Farbenlehre* sowie den ersten Teil seiner Autobiographie *Dichtung und Wahrheit* abgeschlossen hatte[325] und 1813 über die „Unzerstörbarkeit einer starken Seele“[326] philosophierte. So viel zur Einordnung ins jeweilige Gesamtwerk.

Dass es mit einer Meister-Zöglings-Sichtweise nicht getan ist, belegt schon die Tatsache, dass Goethe wiederum einen Tag später, am 21. Juli 1812, Folgendes in sein Tagebuch notierte: „Abends bey Beethoven. Er spielte köstlich!“[327] Ob „köstlich“ nun als ehrlich, bloß gönnerhaft oder gar als herablassend aufzufassen ist: Dass es ein Musiker dermaßen gesondert in des Dichters Privataufzeichnungen geschafft hat, will schon etwas heißen. Zudem scheint sich der Geheimrat diesmal *seinerseits* auf den Weg zum Komponisten gemacht zu haben.

Auch neuere Beethoven-Biographen wie Jan Caeyers lassen bei allen vermeintlichen Differenzen die augenscheinlich aufrichtige gegenseitige Bewunderung außer Acht, wenn sie ständig behaupten: „Hier stießen wirklich zwei Welten aufeinander.“[328] Dies ist nicht von der Hand zu weisen – allein schon aufgrund des Altersunterschieds und der beschriebenen Konkurrenzangst. De facto machte Beethoven jedoch mit seinen improvisatorischen und kompositorischen Fähigkeiten größten Eindruck auf den 63-jährigen Goethe; wie es andersherum aussah, wissen wir bereits aus der Vorgeschichte zu den Teplitzer Begegnungen.

---

[324] Vgl. Geck, Ludwig van Beethoven, S. 44.
[325] Vgl. Safranski, Goethe, S. 667/68.
[326] Ebd., S. 540.
[327] Geck, Das Treffen in Teplitz, S. 4.
[328] Caeyers, Beethoven, S. 472.

Was die – oftmals viel zu einseitige – Literatur- und Musikgeschichtsschreibung bis heute wesentlich deutlicher im Gedächtnis behielt, ist eine bloße Anekdote vom 26. Juli des Jahres 1812: „Als Goethe und Beethoven der Kaiserin und ihrem umfangreichen Gefolge begegneten, zu dem auch Erzherzog Rudolph gehörte, trat Goethe zur Seite, zog ehrerbietig den Hut und ließ die Kaiserin und die sie begleitenden Herzöge mit tiefen Verbeugungen an sich vorüberziehen. Beethoven dagegen ging einfach mitten auf dem Weg weiter, und alle machten ihm bereitwillig und freundlich Platz. Hinterher musste sich Goethe, dem das Verhalten seines Begleiters offensichtlich unangenehm war, noch eine typisch Beethoven'sche Belehrung anhören: Er habe ‚jenen' zu viel Ehre erwiesen."[329]

Eine legendenhaft überlieferte Szenerie – Kupfertiefdruck nach einer Zeichnung von Carl Röhling (1887), der selbstverständlich bei keinem Treffen Goethes und Beethovens dabei war.

[329] Caeyers, Beethoven, S. 471.

Im Bezug auf das „einfache Straßenvolk“ soll es dagegen Goethe gewesen sein, der sich über permanente Begrüßungen und Ehrfurchtbezeugungen mokierte, sodass Beethoven ihm – angeblich – entgegnete, „Excellenz möge sich nicht aufregen: ‚Das gilt vielleicht [auch] mir.‘“[330]
Die nahezu einzige Quelle für diese Unerhörte(n) Begebenheit(en)[331] ist allerdings Bettine von Arnim[332], von der wir bereits wissen, dass sie mitunter gern stilisierte, hinzudichtete usw. So passt die „Schilderung, die sich erstmals 1832 in Bettines Bericht an Fürst Pückler und dann ähnlich 1839 in der Veröffentlichung ihrer Beethoven-Briefe[333] findet, [...] bestens in die romantische Vorstellung vom ungezähmten Charakter des Genies. [...] Die kecke Sprache des Briefes und das pöbelhafte Benehmen kann man Beethoven nicht wirklich zutrauen. Dagegen wäre nur zu gut verständlich, wenn sich Bettine für die Goetheschen Kränkungen auf diese Weise entschädigt hätte.“[334]
Dass Goethe sich in Teplitz allgemein weitaus wohler fühlte als Beethoven, mag jedoch sein: Während letzterer schon am 14. Juli 1812 an Varnhagen geschrieben hatte, dass er hier unter bedeutungslosen Menschen „allein! allein! allein!“ lebe[335], genoss der Dichter „auf Spaziergängen die Landschaft der Umgebung, die er in Handzeichnungen und vielleicht auch in der *Novelle*[336] festhielt, und im Badeort [selbst] das abwechslungsreiche gesellschaftliche Leben mit Theater und Konzerten“[337].
Was für den Einen Langeweile und Qual bedeutete, hieß für den Anderen also Zerstreuung und Genuss – die Charaktere

---

[330] Vgl. Geck, Das Treffen in Teplitz, S. 5.
[331] Mit diesem Ausdruck charakterisierte Goethe 1827 die Gattung der Novelle; er wurde wegweisend für die Literaturgeschichte.
[332] Vgl. Caeyers, Beethoven, S. 471.
[333] Siehe S. 80/81.
[334] Lühning, Bettine Brentano zwischen Beethoven und Goethe, S. 163.
[335] Vgl. ebd., S. 161.
[336] In diesem Fall bezeichnet „Novelle“ ein konkretes Einzelwerk des Dichters, nämlich einen gleichnamigen Prosatext aus dem Spätwerk.
[337] Wilpert, Goethe-Lexikon, S. 1054.

Goethes und Beethovens scheiden sich offenbar spätestens hier. Die Resümees der beiden im Anschluss an die vielen kleinen Einzelbegegnungen fielen demzufolge ernüchternd aus. So lautet der Schluss eines Briefes von Beethoven, den er am 9. August 1812 aus Franzensbad[338] an Gottfried Christoph Härtel schrieb: „Göthe [sic!] behagt die Hofluft zu sehr, mehr als es einem Dichter ziemt, Es [sic!] ist nicht vielmehr über die lächerlichkeiten [sic!] der Virtuosen hier zu reden, wenn Dichter, die als die ersten Lehrer der Nation angesehn seyn sollten, über diesem schlimmer alles andere vergessen können […].“[339]

Es ist denkbar, dass Beethovens massive Enttäuschung auf einen ärgerlichen Vorfall wie die Begegnung mit dem Kaiserpaar zurückzuführen ist – aber eben nur denkbar. Vernichtender könnte ein Urteil jedenfalls kaum ausfallen. Goethe berichtete am 2. September an Zelter auf ähnlich distanzierte, aber deutlich weitsichtigere Weise: „Sein Talent hat mich in Erstaunen gesetzt; allein er ist leider eine ganz ungebändigte Persönlichkeit, die zwar gar nicht unrecht hat, wenn sie die Welt detestabel [verachtenswert] findet, aber sie freilich dadurch weder für sich noch für andre genußreicher macht. Sehr zu entschuldigen ist er hingegen und sehr zu bedauern, da ihn sein Gehör verläßt, das vielleicht dem musikalischen Teil seines Wesens weniger als dem geselligen schadet. Er, der ohnehin lakonischer Natur ist, wird es nun doppelt durch diesen Mangel.“[340]

Dieses Urteil Goethes über den Künstler und mehr noch über den *Menschen* Beethoven offenbart – nicht nur Hermann Abert zufolge – „den feinen Menschenkenner, und seine Worte über sein Gehörleiden außerdem einen weit über den Durchschnitt hervorragenden Beurteiler“[341]. Man kann es noch deutlicher formulieren: Der Menschen- und

---

[338] Ein etwa 120 Kilometer von Teplitz entfernter Kurort (heute Františkovy Lázně).

[339] Lühning, Bettine Brentano zwischen Beethoven und Goethe, S. 163.

[340] Abert, Goethe und die Musik, S. 38/39.

[341] Ebd., S. 39.

Gesellschaftsexperte Goethe wusste trotz etwaiger Meinungsverschiedenheiten zu differenzieren zwischen Beethovens provokanter Künstlernatur und seinem eigentlichen, tiefsitzenden Leiden – eine Fähigkeit, die nur sehr wenige Zeitgenossen des Komponisten besaßen. Auch die subtile Feststellung, dass die Taubheit für Beethovens „gesellige" Seite verheerender war als für seine musikalische, zeichnet Goethe weit über andere Weggefährten des Wiener „Klassikers" aus, denn während Beethoven sich beim Komponieren tatsächlich nach wie vor auf sein *inneres* Gehör verlassen konnte, musste die Kommunikation des eigentlich überaus mitteilsamen Menschen in den späten Lebensjahren auf klägliche Hilfsmittel wie Hörrohre und Konversationshefte beschränkt bleiben. Goethe erwies sich also durchaus als „der klarste, verläßlichste Beobachter Beethovens im nichtmusikalischen Bereich"[342].
Beethoven beruhigte sich indes trotz aller angeblichen Empörung über den „Hofluft-Poeten" ebenso schnell, wie er sich echauffiert hatte. Dass seine Liebe zu Goethe und dessen Werk keineswegs abnahm, soll jedoch im folgenden Kapitel dargelegt werden. Erstaunlich bleibt, dass die beiden am 8. September 1812, nach Verfassen der beiden zitierten Briefe also, in Karlsbad noch einmal aufeinandertrafen.[343] Man hätte es im Falle gegenseitiger Geringschätzung oder gar Verachtung auch schlichtweg bei einer einzigen – allenfalls bei einer zweiten – Begegnung belassen können. Zu diesem allerletzten „Rendezvous" findet sich jedenfalls erneut eine Bemerkung in Goethes Tagebuch: „Beethovens Ankunft. Mittag für uns. Beethoven. Abends auf der Prager Straße"[344] – sehr sparsame Auskünfte zwar, aber die chronologisch letzten, die ein persönliches Zusammensein des Dichters mit dem Komponisten belegen.

---

[342] Küster, Beethoven, S. 314.
[343] Der fürs erste Treffen vorgesehene Ort wurde also der fürs letzte. Goethe weilte Zeit seines Lebens 15 mal (!) in Karlsbad; zwischen dem 11.08. und 12.09.1812 zum elften Mal.
[344] Lühning, Bettine Brentano zwischen Beethoven und Goethe, S. 164.

Der österreichische Arzt und Schriftsteller August Frankl (1810-1894) berichtet über die finale Begegnung weiterhin: „Die beiden großen Meister des Wortes und des Tones, Goethe und Beethoven, gingen gemeinsam in Karlsbad tiefer ins Tal spazieren, um ungestörter miteinander sprechen zu können.“[345] Der Tonfall dieser Schilderung und die Lebensdaten ihres Verfassers lassen jedoch Authentizitätszweifel wie bei Bettine aufkommen.

Wie angekündigt soll nun zum Abschluss des Kapitels die Adelsthematik gesondert behandelt werden, denn die Divergenz der Charaktere Goethes und Beethovens ist im Anschluss an den 26. Juli 1812 oftmals mit ihren unterschiedlichen Ansichten gegenüber Fürsten, Königen und Kaisern zu erklären versucht worden. Lässt sich der Zwiespalt aber wirklich allein auf einen Disput zwischen „flegelhaftem Republikaner“ und „aristokratischem Formenwächter“ zurückführen? Natürlich nicht.
Auf Napoleon z.B. empfand Goethe zwar keineswegs jenen berüchtigten Beethoven'schen Groll – er hatte 1808 sogar einen Orden höchster Güte aus den Händen des Franzosenkaisers empfangen und durfte sich infolgedessen wie Wieland „Ritter der Ehrenlegion“ nennen[346] – aber war Beethoven, andersherum betrachtet, wirklich von Grund auf so republikanisch gesinnt wie ihn die (Musik-)Geschichtsschreibung lange sehen wollte? Immerhin erhielt auch er einen Orden, auf den er recht stolz war, und zwar 1823 aus den Händen des französischen Königs Ludwig XVIII.[347] Außerdem lebte er von dutzenden Wiener Mäzenen, denen er zahllose Werke widmete, pflegte zum Erzherzog Rudolph von Österreich (1788-1831), seinem Klavierschüler, sehr freundschaftliche Beziehungen und hatte in den Jahren 1808/09 sogar mit dem Gedanken gespielt, eine Anstellung

[345] Goethes Gespräche ohne Eckermann, S. 275.
[346] Vgl. Safranski, Goethe, S. 485.
[347] Vgl. Geck, Ludwig van Beethoven, S. 133.

als Hofkapellmeister bei Jerôme Bonaparte[348] in Kassel anzutreten[349] – ausgerechnet ein Untertan des jüngeren Bruders von Napoleon also, den Beethoven ja spätestens mit dem Zerreißen der ursprünglichen Widmung seiner *Eroica* als Tyrann und Verräter an den Idealen der Französischen Revolution verflucht hatte.[350]
Obgleich die Prüfung dieses royalen Angebots wahrscheinlich nur ein taktisches Vorgehen war, um herauszufinden, wie sehr den Wienern wirklich an ihm gelegen war[351], wird hier deutlich, dass auch ein Beethoven den Hut zu ziehen und sich mit den höfischen Konventionen zu arrangieren vermochte, wenn es die finanzielle Lage gebot.[352]
Auch zum Hause Hohenzollern pflegte der Komponist keine schlechten Beziehungen: So war Prinz Louis Ferdinand, ein Neffe Friedrichs des Großen, von 1804 bis zu seinem frühen Tode 1806 sein Schüler, Freund und überdies Widmungsträger des dritten Klavierkonzerts.[353] Außerdem eignete er 1826 dem preußischen König Friedrich Wilhelm III. seine *Neunte Sinfonie* zu und empfing zum Dank einen Brillantring, der ihm allerdings nicht wertvoll genug war – Beethoven hatte sich einen weiteren Orden versprochen.[354]
Ausgehend von diesen Tatsachen, insbesondere von der tiefen Verbindung zum Erzherzog, verliert die nahezu mystisch überlieferte Anekdote von Beethoven, der stur am Kaiserpaar vorbeilief, während Goethe sich scheinbar bis auf den Boden verbeugte, ihre spaltende Wirkung. Es sollte schließlich bedacht werden, dass Beethoven dem habsbur-

---

348 Napoleons jüngerer Bruder war von 1807 bis 1813 König von Westphalen; von seinen deutschen Untertanen wurde er spöttisch als „König Lustik“ bezeichnet.
349 Vgl. Geck, Ludwig van Beethoven, S. 48/49.
350 Vgl. ebd., S. 95.
351 Tatsächlich bewilligten Erzherzog Rudolph, Fürst Kinsky und Fürst Lobkowitz Beethoven folglich (vom Frühjahr 1809 an) eine großzügige Jahresrente, um ihn in Österreich zu behalten.
352 Siehe S. 29.
353 Vgl. Caeyers, Beethoven, S. 326 und 334.
354 Vgl. Geck, Ludwig van Beethoven, S. 133.

gischen Regentenpaar nicht nur lokal gesehen deutlich näher war (er verbrachte seine letzten 30 Lebensjahre ununterbrochen in Wien) und gar nicht allzu hart abgestraft werden konnte, wenn er zu dem Sohn des vorangegangen Kaisers[355] eine derart vertrauliche Beziehung pflegte: „Mit dieser kaiserlichen Familie und diesem Erzherzog Rudolph [...] hatte er einen viel persönlicheren Umgang als andere; der Geheimrat Goethe wird nicht einmal mit seinem Weimarer Großherzog einen vergleichbar persönlichen Umgang gepflegt haben."[356]

Aber nun zum Dichter selbst. Haderte dieser anfangs – und auch später immer wieder – nicht genauso mit dem steifen Gebaren der Weimarer Hofgesellschaft? Zugegeben: Sich Beethoven als Minister vorzustellen, fällt bedeutend schwerer, dennoch darf nicht vergessen werden, dass Goethe ungeachtet aller staatlicher Ämter, die er Zeit seines Lebens ausübte, eine grundlegende Diskrepanz zwischen der Hofkultur und dem freigeistigen Dichterleben empfand.[357] Der nachsichtige Herzog Karl August von Sachsen-Weimar-Eisenach, ein Großneffe des „aufgeklärten Absolutisten" Friedrich II.[358], war es schließlich, der immer wieder Verständnis für Goethe aufbrachte. Ein Wunder im Grunde schon, dass der dichterische Emporkömmling nicht sofort seinen Posten verlor, als er sich erdreistete, nach unangekündigter, monatelanger Italienreise zurückzukehren, als sei nichts gewesen, und die Hofgesellschaft obendrein mit einem „pornographischen" Gedichtband, den *Römischen Elegien*, vor den Kopf stieß.[359] Nur zum Vergleich: Mozart hatte sich 1781 für eine wesentlich kürzere Urlaubsüberschreitung von „nur" drei Monaten den berühmten Fußtritt des Grafen

[355] Rudolph war der jüngste Sohn Leopolds II. (Regierungszeit 1790-92), zu dessen Kaiserkrönung Beethoven bereits eine Kantate geschrieben hatte (siehe S. 29).

[356] Küster, Beethoven, S. 313.

[357] Siehe S. 49.

[358] Vgl. Safranski, Goethe, S. 207.

[359] Vgl. ebd., S. 352-54.

Arco[360] „eingefangen“ und somit seine Anstellung in Salzburg verloren.[361]
Was Goethe aber – vor allem in späteren Lebensjahren – vom Adel hielt und grundsätzlich über ihn dachte, fasst Gero von Wilpert recht präzise zusammen: „Dem Adelsstand selbst als Anerkennung der Leistung bedeutender Vorväter stand G. [...] im Prinzip positiv gegenüber, ohne deshalb seine Sympathie für die Tugenden, die Leiden und die reine Menschlichkeit der einfachen Leute einzuschränken. Er betrachtete den Adel ohne Hochmut [!] als konservatives, auf Dauer und Ordnung abzielendes Prinzip [...] und zugleich wie Friedrich der Große als Verpflichtung zum Dienen [...].“[362]
Von Beethoven unterscheidet sich diese Sichtweise lediglich, wenn man den Komponisten zu jenem berüchtigten Feuerkopf-Demokraten und -Revolutionär stilisiert, der er nachgewiesenermaßen nicht war. Wie man sich also endgültig von der Vorstellung verabschieden sollte, Beethoven hätte grundsätzlich nicht mit dem Adel auszukommen gewusst, sollte man ebenfalls die Überzeugung über Bord werfen, Goethe sei niemals mit dem Hofe in Konflikt geraten. Als Mann in Staatsämtern hatte der Dichter 1812 schlichtweg die dienstliche Aufgabe, der österreichischen Kaiserin charmant gegenüberzutreten[363] – Beethoven hätte sich als Hofkapellmeister trotz aller fundamentalen Antipathie gegenüber Höhergestellten sicherlich kaum anders verhalten. Denn selbst „rebellische“ Kompositionen wie der *Abschiedsgesang an Wiens Bürger* (WoO 121) oder das *Kriegslied der Österreicher* (WoO 122), mit denen er „Anteil an den patriotischen Gefühlen der Wiener Gesellschaft in den 1790er Jahren“[364] nahm, waren letztlich nichts ande-

[360] Kammerdiener des Fürsterzbischofs Hieronymus von Colloredo, der seit 1772 Mozarts verhasster Dienstherr gewesen war.
[361] Vgl. Schlu, Wiener Jahre.
[362] Wilpert, Goethe-Lexikon, S. 5.
[363] Siehe S. 82.
[364] Küster, Beethoven, S. 249.

res als Auftragsarbeiten, mit denen Beethoven sich allenfalls identifizieren konnte, da Napoleon 1796/97 nicht nur habsburgische Interessen bedrohte, sondern auch seine alte Heimat, das Rheinland, besetzt hatte.[365]

(3.3) **Distanz und geistige Versöhnung**

Goethe geriet nach dem Teplitzer Treffen erstmals 1816 wieder in Berührung mit Beethovens Musik: Am 25. September und 9. November dieses Jahres wurde in seiner Anwesenheit erstmalig der *Fidelio* auf die Weimarer Bühne gebracht[366] – es war Goethes letzte Spielzeit als Theaterdirektor.[367] In diesem Zusammenhang sollte erwähnt werden, dass sich die Sujets von Beethovens einziger vollendeter Oper (nach einem Libretto des Revolutionsdramatikers Jean-Nicolas Bouilly) und Goethes *Egmont*-Drama hinsichtlich ihres Plots auffällig ähnlich sind: Beide thematisieren die Auflehnung gegen Tyrannenherrschaft[368] und eine allegorisierte Liebe als einzige Möglichkeit, dieser ein Ende zu bereiten. Was Klärchen beispielsweise im dritten Aufzug des Trauerspiels singt[369], erinnert an den Schlusschor *Wer ein holdes Weib errungen* aus dem *Fidelio*: „Himmelhoch jauchzend, / Zum Tode betrübt; / Glücklich allein / Ist die Seele, die liebt."[370]

Ein inhaltlicher Unterschied besteht letztlich nur darin, dass die Freiheit („Happy-End") in Beethovens Oper noch im

---

[365] Vgl. Küster, Beethoven, S. 249.

[366] Vgl. Wilpert, Goethe-Lexikon, S. 87.

[367] Vgl. Lühning, Bettine Brentano zwischen Beethoven und Goethe, S. 164.

[368] Der machtgierige Don Pizarro aus der Oper entspricht dem finstren Herzog Alba aus dem Drama – wegen ihnen müssen Florestan und Graf Egmont zu Unrecht im Kerker schmachten.

[369] Überhaupt beinhaltet der *Egmont* vergleichsweise viele „klingende" Regieanweisungen, z.B. „Eine Musik, Klärchens Tod bezeichnend, beginnt" oder „Die Musik begleitet seinen Schlummer".

[370] Goethe, Egmont / Torquato Tasso, S. 52

Diesseits eintritt, während Egmont hingerichtet wird. Seine gewichtigen letzten Worte lauten: „[...] ich sterbe für die Freiheit, für die ich lebte und focht, und der ich mich jetzt leidend opfre. [...] Und euer Liebstes zu erretten, fallt freudig, wie ich euch ein Beispiel gebe."[371]

Weitab vom Bühnengeschehen brachten Goethe außerdem zwei Virtuosen die Musik Beethovens nahe – d.h. sie versuchten es: Zum einen Johann Heinrich Friedrich Schütz (1779-1829)[372], von dem sich der Dichter „im November 1818 [...] zu ‚musikalischer Aufmunterung' [...] oft stundenlang ‚in historischer Reihe' Werke von J.S. Bach, C.P.E. Bach, Händel, Mozart, Haydn, [Johann Ladislaus] Dussek, Beethoven u.a. vorspielen [ließ]"[373], zum anderen der bereits genannte Johann Nepomuk Hummel (1778-1837)[374], welcher 1819 als Hofkapellmeister nach Weimar berufen wurde und das dortige Musikleben mit zahlreichen öffentlichen Konzerten bereicherte, in denen nicht nur seine eigenen Klavierwerke, sondern vor allem auch Sinfonien Beethovens aufgeführt wurden.[375]

Ferner wurde Marianne von Willemer, Schauspielerin, Gitarristin und Muse für das *Buch Suleika* aus Goethes *West-östlichem Divan*[376], nicht müde, den Dichter „auf Beethoven hinzuweisen, der ihn wie niemand verstünde"[377]. Letzteres hatte ihm zwar auch Bettine von Arnim schon klarzumachen versucht, doch Goethe konnte es nach wie vor nur halbherzig anerkennen[378] – sein Verhältnis zu Beethoven'scher Musik changierte offenbar unaufhörlich zwischen tiefer Ergriffenheit, nahezu angsteinflößender Faszination und bloßem Widerwillen. Erst zehn Jahre später vermochte ein

---

[371] Goethe, Egmont / Torquato Tasso, S. 98.

[372] Von Goethe als „guter Organist von Berka" bezeichnet (siehe S. 21).

[373] Wilpert, Goethe-Lexikon, S. 967.

[374] Siehe S. 24.

[375] Vgl. Wilpert, Goethe-Lexikon, S. 496.

[376] Vgl. ebd., S. 1193.

[377] Abert, Goethe und die Musik, S. 40.

[378] Vgl. ebd.

anderer, wozu seine „Vorgänger" nur unzureichend in der Lage waren.
Beethoven indes näherte sich im ersten Halbjahr 1815 wieder einem Werk des Dichterfürsten, nämlich den Gedichten *Meeresstille* und *Glückliche Fahrt*, die seit ihrer Erstveröffentlichung 1795 stets zusammen abgedruckt wurden[379] und auch heutzutage nur selten voneinander getrennt werden. Die Vertonung ist als etwa zehnminütige Kantate für gemischten Chor und Orchester angelegt, wurde am 25. Dezember 1815 in Wien uraufgeführt[380], aber erst 1822 als Beethovens Opus 112 publiziert.
„Ist es Zufall", fragt Jan Caeyers, „dass Beethoven gerade jetzt dieses Paar von Goethe-Gedichten vertonte, in denen von langer, beklemmender Flaute die Rede ist und dann von plötzlich aufkommendem Wind, der das Schiff wieder in Fahrt und dem ersehnten Land näher bringt?"[381]
Mal ganz davon abgesehen, dass *Meeresstille und glückliche Fahrt* zu einem allegorischen „Happy-End" hinführen[382], darf die Frage zweifellos mit einem klaren Nein beantwortet werden. Denn nach diversen, zwangsläufig oberflächlich gehaltenen Auftragskompositionen für den Wiener Kongress, der vom 18. September 1814 bis zum 9. Juni 1815 getagt hatte[383], dürstete es Beethoven nach einem wahrhaftig eigenen Werk. Zumal die beiden Goethe-Gedichte symbolisch auf die damaligen desillusionierenden Staatsverhältnisse übertragbar sind bzw. diese zu einer allegorischen Auflösung treiben. Wie bei Caeyers schon angesprochen, folgt „auf die absolute Bewegungslosigkeit in der ungeheuren Weite und Leere des Raums, Erfahrung der Stille des Todes […] die Lösung im auch rhythmisch differenzierten Gegenstück *Glückliche Fahrt* […]"[384].

---

[379] Vgl. Wilpert, Goethe-Lexikon, S. 385.
[380] Im selben „weihnachtlichen" Konzert erklang auch die Konzertouvertüre *Zur Namensfeier* (op. 115).
[381] Caeyers, Beethoven, S. 553.
[382] Siehe Kap. 2.4.
[383] Vgl. Wilpert, Goethe-Lexikon, S. 1180.
[384] Ebd., S. 687.

Beethoven ging indes sehr geschickt vor, um dem Kontrast zwischen den beiden Gedichten in seiner Vertonung gerecht zu werden: „Die heftigen Fortissimos und Sforzati verdanken ihre Wirksamkeit ihrer klugen Dosierung im vorherrschenden Piano; [...] die einzelne Geste [gewinnt] also durch Zurückhaltung an Gewicht.“[385]
Ziemlich rührend ist überdies der Brief, mit dem der Komponist dem Dichter sein Werk übersandte: „Immer noch [...] lebend in Ihren unsterblichen, nie veralternden Werken und die glücklichen, in Ihrer Nähe verlebten Stunden nie vergessend[386], tritt doch der Fall ein, daß auch ich mich einmal in Ihr Gedächtnis zurückrufen muß. – Ich hoffe, Sie werden die Zueignung [...] von ‚Meeresstille‘ und ‚Glückliche Fahrt‘, in Töne gebracht von mir, erhalten haben. [...] Wie lieb würde es mir sein, zu wissen, ob ich passend meine Harmonie mit der Ihrigen verbunden! [...] Diese Verehrung, Liebe und Hochachtung, welche ich für den einzigen, unsterblichen Goethe von meinen Jünglingsjahren schon hatte, ist mir immer geblieben. So was läßt sich nicht wohl in Worte fassen, besonders von einem solchen Stümper wie ich [!], der nur immer gedacht hat, die Töne sich eigen zu machen. [...] Einige Worte von Ihnen [...] würden Glückseligkeit über mich verbreiten.“[387]
Zwar enthält der Brief auch die Bitte, in Weimar für die Verbreitung der *Missa solemnis* einzutreten[388] – sich beliebt zu machen, war jedoch mitnichten Beethovens einzige Absicht: „Ew. [ehrwürdige] Exzellenz dürfen aber nicht denken, daß ich wegen der jetzt gebetenen Verwendung für mich Ihnen ‚Meeresstille‘ und ‚Glückliche Fahrt‘ gewidmet hätte. Dies geschah schon im Mai 1822, und die Messe auf

[385] Caeyers, Beethoven, S. 553.
[386] Allzu negative Eindrücke können die Teplitzer Begegnungen also nicht hinterlassen haben.
[387] Beethovens, Briefe, S. 46-48.
[388] Genauer gesagt beabsichtigte Beethoven, den Herzog Karl August via Goethe zur Subskription seines Opus 123 bewegen zu können.

diese Weise bekannt zu machen, daran ward noch nicht gedacht bis jetzt vor einigen Wochen."[389]
Trotz der großen Mühe – das Titelblatt der Zueignung hatte der Komponist zusätzlich mit seinen Lieblingsversen aus Homers *Odyssee* bekritzelt[390] – kam von Goethe bedauerlicherweise keine Antwort, weil er im Frühjahr 1823 schwer erkrankte.[391] Die Rede ist dabei nicht etwa von einer verschleppten Erkältung, sondern ungünstigerweise von der schwerwiegendsten Erkrankung, die sich der Dichter seit der Jahrhundertwende zugezogen hatte. „Wahrscheinlich war es ein Herzinfarkt. Zeitweilig verlor er das Bewußtsein. Starke Unterleibsschmerzen hielten ihm im Stuhl fest, wo er die Nächte sitzend verbrachte. [...] *Der Tod steht in allen Ecken um mich herum*, sagte er in einem Anfall von Angst und weiter: *O du christlicher Gott, wie viel Leiden häufst du auf deine armen Menschen, und doch sollen wir dich in deinen Tempeln dafür loben und preisen!*"[392]
Es erscheint also überaus glaubwürdig, dass der Geheimrat sich angesichts solcher – ans *Heiligenstädter Testament* erinnernder – Klagen nicht in der Lage sah, Beethoven gebührend zu antworten, geschweige denn sich um das Anliegen der *Missa solemnis* zu kümmern.
Goethe „übersteht [dann] die Krise, der Körper hat noch genügend Widerstandskräfte. Manche finden ihn geistig noch reger als vor der Krankheit. [...] Mit dem Frühling [1824] sind also auch seine Lebensgeister [wieder] erwacht."[393] Auf Beethovens Vertonung samt Widmung reagierte er dennoch nicht mehr. Vielleicht war die zwischenmenschliche Bindung zum stolzen Musiker, dem „sobald keine Abhandlung zu gelehrt wäre"[394], dafür im Sommer 1812 noch nicht fest genug geknüpft worden.

---

389 Beethovens Briefe, S. 47.
390 Vgl. Müller-Blattau, Goethe und die Meister der Musik, S. 60.
391 Vgl. ebd., S. 61.
392 Safranski, Goethe, S. 594.
393 Ebd.
394 Sinngemäß zitiert aus einem Brief Beethovens an Gottfried Christoph Härtel von 1809.

Goethe im Jahr 1823 (Zeichnung von Wilhelm Hensel, dem Gatten von Felix Mendelssohns Schwester Fanny).

Meeresstille und glückliche Fahrt war allerdings trotz der ausgebliebenen Antwort Goethes nicht Beethovens letzte Vertonung des Dichterfürsten – obgleich dies gern behauptet wird.[395] So komponierte er im Mai 1823 noch einen sechsstimmigen Kanon in E-Dur (WoO 185) über Goethes klassizistische Maxime *Edel sei der Mensch, hilfreich und gut.*[396] An Umfang und musikalischer Bedeutung ist dieses Kleinwerk der knapp zehn Jahre zuvor entstandenen Kantate zwar unterlegen, doch erweist es sich deswegen als nicht weniger vielsagend, dass Beethoven sich gegen Lebensende just dieses aussagekräftigen Textes bediente, der in seinem moralethischen Ansatz auf Kants Kategorischen Imperativ (1788) vorausweist.

Was darüber hinaus entstanden wäre, wenn Beethoven seine in den 1820er Jahren angesammelten *Faust*-Vertonungs-

[395] Z.B. von Helga Lühning.

[396] Sie entstammt dem Lehrgedicht *Das Göttliche* (November 1783).

pläne umgesetzt hätte[397], ist aus heutiger Sicht kaum auszumalen[398] – nicht nur der romantisierende Anton Schindler hätte sich begeistert gezeigt.[399]
Nachtragend war Beethoven jedenfalls offenkundig nicht, wenn er sich weiterhin derart intensiv mit dem Schaffen des „hofknicksenden" Dichters beschäftigte.
Goethe indes hat Beethovens Musik wenigstens in seinen Hauskonzerten weiterhin aufführen lassen. Am 27. Oktober 1823 erklang beispielsweise ein Trio des Komponisten (womöglich eines der *Klaviertrios op. 1*) – neben einem Werk des komponierenden Preußenprinzen Louis Ferdinand.[400] Und auch der Weimarer Regierungsrat Christian Friedrich Schmidt, Hobbypianist und mehrfacher Gast in Goethes Hause, brachte als großer Beethoven-Verehrer des Öfteren Sonaten des Bonner Komponisten zu Gehör.[401]
Sein letztes und womöglich einschneidendstes Beethoven-Erlebnis widerfuhr dem Dichter aber schließlich im Jahre 1830, drei Jahre nach dessen Tod, und zwar durch den jungen Felix Mendelssohn. Dieser sollte es schaffen, wozu andere nicht imstande gewesen waren[402]: Bei Goethe einen *nachhaltigen* Eindruck der Musik Beethovens hinterlassen. So spielte er dem altehrwürdigen Dichter zwischen dem 21. Mai und dem 3. Juni seines letzten Besuchsjahres den Kopfsatz der *Fünften* auf dem Klavier vor. Seiner Familie berichtete der aufstrebende Komponist sogleich im Anschluss darüber: „An den Beethoven wollte er gar nicht heran. – Ich sagte ihm aber, ich könne ihm nicht helfen, und spielte ihm nun das erste Stück der C Moll-Symphonie [sic!]

---

[397] Erst hochromantische Komponisten sollten nach Beethoven wieder *Faust*-Vertonungen vorlegen: Wagner 1840 (*Faust-Ouvertüre*), Schumann 1853 (*Szenen aus Goethes Faust*) und Liszt 1857 (*Eine Faust-Sinfonie*).

[398] Ebenso wie man sich damit abfinden muss, dass Beethoven der Nachwelt bloß Skizzen zu einer zehnten Sinfonie hinterließ.

[399] Vgl. Lühning, Bettine Brentano zwischen Beethoven und Goethe, S. 162.

[400] Vgl. Goethes Gespräche, S. 607.

[401] Vgl. Goethes Gespräche ohne Eckermann, S. 421.

[402] Siehe S. 96.

vor. Das berührte ihn ganz seltsam.[403] – Er sagte erst: ‚das bewegt aber gar nichts; das macht nur Staunen; das ist grandios,' und dann brummte er so weiter, und fing nach langer Zeit wieder an: ‚das ist sehr groß, ganz toll, man möchte sich fürchten, das Haus fiele ein; und wenn das nun alle die Menschen zusammenspielen!' Und bei Tische, mitten in einem anderen Gespräch, fing er wieder damit an."[404]

Ein später Vermittler zwischen zwei Welten: Der junge Felix Mendelssohn (Porträtgemälde von Horace Vernet, 1831).

Martin Geck schließt aus dieser späten Konfrontation Goethes mit der Musik Beethovens folgendes Fazit: „Vielleicht musste der Antipode erst gestorben, das eigene Werk abgeschlossen und jegliche Etikette unwesentlich geworden sein, bevor ein genialischer Vertreter der Enkelgeneration – ‚Du

[403] Selbst manche romantischen Komponisten vermochten der *Fünften* (noch) nichts abzugewinnen; Louis Spohr (1784-1859) bezeichnete den Schlusssatz gar als „nichtssagenden Lärm".
[404] Mendelssohn Bartholdy, Reisebriefe, S. 9.

bist mein David'[405] – dem Alten in Weimar etwas von der Größe Beethovens vermitteln konnte."[406]

Ob man im Falle Beethovens nun wirklich von einem *Antipoden* Goethes sprechen kann, sei dahingestellt. Das Verhältnis des harmoniebestrebten Dichters zur leidenschaftlich-aufwühlenden Musik des Wiener „Klassikers" blieb wohl zwiegespalten. Das plötzlich erwachte Interesse an der *Fünften* ist deswegen jedoch nicht ausschließlich auf die Sympathie für den jungen Mendelssohn zurückzuführen[407], sondern bezeugt durchaus ein echtes Kopfzerbrechen mit dem Werk des „napoleonischen" Musikers.

Wenn man sich also aufrichtig bemühte – und womöglich eine Portion jugendlichen Charme mitbrachte –, zeigte Goethe sich auch im hohen Alter noch wandlungs- bzw. belehrungsfähig.[408]

Ein Jammer bleibt es aus heutiger Sicht, dass ein Werk wie *Meeresstille und glückliche Fahrt* nahezu alleinstehend blieb und keine weiteren Gemeinschaftsprojekte hervorrief. Was Molière und Lully, 250 Jahre später auch Hofmannsthal und Strauss gelang[409], war der Konstellation Goethe–Beethoven nicht vergönnt. Vielleicht hatte der Dichter schlichtweg zu viele Musiker kennengelernt, die sich an Vertonungen seiner Werke versuchten, vielleicht klammerte er aber auch tatsächlich zeitlebens an seinem mozartischen Kompositionsideal.

Entscheidend sollte für die moderne Literatur- und Musikwissenschaft jedoch genauso sein, dass Goethe von Beetho-

---

[405] Bereits 1822 soll Goethe zu Felix gesagt haben: „Du bist mein *David*. Sollte ich krank und traurig werden, so banne die bösen Träume durch Dein Spiel, ich werde auch nie wie Saul den Speer nach Dir werfen."

[406] Geck, Das Treffen in Teplitz, S. 6.

[407] Siehe S. 22/23.

[408] Zu erkennen auch an einem Ausspruch, den Goethe 1829 von sich gegeben haben soll: „Ey, bin ich denn darum 80 Jahr alt geworden, daß ich immer dasselbe denken soll? Ich strebe vielmehr, täglich etwas anderes, Neues zu denken, um nicht langweilig zu werden. Man muß sich immerfort verändern, erneuen, verjüngen, um nicht zu verstocken."

[409] Vgl. Schmierer, Komponisten-Porträts, S. 63 und 241.

vens Erscheinung und seinen Fähigkeiten nachgewiesenermaßen beeindruckt war, ihn mehrfach aus freien Stücken traf, schriftlich (in seinem Tagebuch) festhielt und ihn nach gewissen „Startschwierigkeiten“ durchaus als eigenständigen Künstlertypus wahrnahm – vor allem aber, dass er über den Charakter Beethovens in einer Weise urteilte, die nahezu sämtliche Zeitgenossen in Sachen Sensibilität und Weitsicht in den Schatten stellt. Beethoven selbst tat Zeit seines Lebens sein Bestmögliches, um die Beziehung zum literarischen Idol Goethe zu festigen. Seine Vertonungen von Werken des Dichterfürsten reichen quantitativ vielleicht nicht an diejenigen anderer Lied- und Bühnenkomponisten heran, doch qualitativ zeugen sie von einer außergewöhnlich intensiven Auseinandersetzung mit den Worten Goethes, die für ihn stets mehr bedeuteten als bloße poetische Zierde. So lässt sich Beethovens (von Rochlitz überlieferte) Bemerkung verstehen, dass sich niemand so gut komponieren lasse wie Goethe.[410]

[410] Vgl. Müller-Blattau, Goethe und die Meister der Musik, S. 47.

(4) Ein Fazit für die Nachwelt

Was die künstlerische und zwischenmenschliche Beziehung Goethe–Beethoven so interessant macht, sind bei aller Ambivalenz die zahlreichen, den meisten (teilweise ihnen selbst) unbewussten Parallelen. Wie sich diese im Werk äußern, wurde exemplarisch in Kapitel 2 dargelegt. An dieser Stelle sollen abschließend noch einmal diverse Gemeinsamkeiten aufgeführt und darüber hinaus die erstaunlich ähnliche Wirkung auf die literarisch-musikalische Nachwelt veranschaulicht werden.

Goethe und Beethoven waren, um mit einer Art „Gesinnung" zu beginnen, aufrichtige Weltbürger – trotz starker Heimatbindung frei von jeglichem Provinzialismus und engstirnigem Zweck-Patriotismus der Restaurationsepoche. So steht Goethes *West-östlicher Divan*, eine Huldigung an die Poesie der islamischen Welt, etwa Beethovens Arrangements irischer, schottischer, walisischer, russischer u.a. Volkslieder[411] gegenüber. Trotz diverser vaterländischer Texte und Gesänge – man denke an Goethes *Götz von Berlichingen* oder Beethoven'sche Gelegenheitswerke wie *Germania WoO 94* – blickten sie im Unterschied zu vielen Zeitgenossen weit über die Grenzen des deutschsprachigen Raumes hinaus. Wie sich Goethe als „Weltbürger und Weimaraner" verstand[412], könnte man Beethoven als „Europäer und Rheinländer" bezeichnen. Das „Gute, Edle und Schöne"[413] war – für Goethe vielleicht noch mehr als für Beethoven – ein ernst gemeintes Credo. Politisch geleiteten Menschen wird dies viel zu abstrakt erscheinen, für den Dichter und den Komponisten jedoch war es von größerer Relevanz als irgendein besonderes Fleckchen Erde.

Goethe und Beethoven sprachen sich, wenn auch unabhängig voneinander, für einen Adel aus, der dem Volke dient und sich nur aufgrund seiner Verdienste eine höhere

[411] Im Werkverzeichnis zu finden als op. 108 bzw. WoO 152-58.
[412] Vgl. Wilpert, Goethe-Lexikon, S. 811.
[413] Ebd.

Stellung sichern darf.[414] Beide verabscheuten Politiker und revolutionäre Staatsmänner, die prahlerisch verkündete Ideale zugunsten eigener Machtinteressen und brutaler Feldzüge verrieten.[415] Beide schätzten die Natur als Ehrfurcht gebietende, unerschöpfliche Inspirationsquelle und Spiegelung eines allgegenwärtigen Gottes, der nicht unbedingt den christlichen Doktrinen entsprach.[416]
Beide durchlebten, um etwas biographischer zu werden, zahllose (unglückliche) Liebschaften – der eine, ohne jemals den Bund der Ehe einzugehen, der andere trotz ebendiesem.[417] Beide hatten ihre Mühe und Not mit vermeintlich unerziehbaren Nachkommen – Goethe mit seinem Sohn August[418], Beethoven mit seinem Neffen Karl[419]. Beide suchten ihre körperlichen wie seelischen Qualen mithilfe der Kunst zu überwinden[420], beide arbeiteten bis kurz vor ihrem Tod an den letzten, gattungssprengenden, für die Nachwelt überaus rätselhaften Werken.[421]

Reich ist die Zahl von Goethes und Beethovens gemeinsamen Idolen – ihren künstlerischen Fixsternen: Homer und Shakespeare, Bach, Händel und Gluck, Rousseau, Klopstock, Lessing und Herder, Mozart und Schiller.
Reicher noch die Zahl derer, die sich Goethe und Beethoven wiederum zum Vorbild für ihr eigenes Werk nahmen und mehr oder minder zu ihrer posthumen Verklärung beitrugen: Tieck, E.T.A. Hoffmann, Grillparzer, Schubert, Berlioz, Adalbert Stifter, Mendelssohn, Clara und Robert Schumann, Liszt, Wagner, Brahms, Nietzsche, Mahler, Stefan Zweig,

---

[414] Siehe S. 91-94.
[415] Siehe S. 28 und 91.
[416] Siehe S. 56-59 und 62.
[417] Paradoxerweise war Schiller hier weitaus konservativer gesinnt: Affären sind von ihm nur aus Teenagerjahren bekannt und seiner Frau Charlotte hielt er fortwährend die Treue.
[418] Vgl. Wilpert, Goethe-Lexikon, S. 689.
[419] Vgl. Geck, Ludwig van Beethoven, S. 123-27.
[420] Siehe S. 47-55.
[421] Siehe S. 65-67.

Thomas Mann und viele, viele mehr. So wurden sie zu dem, als was sie heute allgemeingültig angesehen werden: Zum größten deutschen Dichter bzw. Komponisten der Neuzeit. Selbst Heinrich Heine, der Zeit seines Lebens mit Goethe und Beethoven haderte, äußerte sich 1833 folgendermaßen über die Bedeutung des Dichterfürsten: „Goethes größtes [sic!] Verdienst ist eben die Vollendung alles dessen, was er darstellt; da gibt es keine Partien, die stark sind während andere schwach, da ist kein Teil ausgemalt während der andere nur skizziert worden, da gibt es keine Verlegenheiten, kein herkömmliches Füllwerk, keine Vorliebe für Einzelheiten. Jede Person in seinen Romanen und Dramen behandelt er, wo sie auch herkommt, als wäre sie die Hauptperson. So ist es auch bei Homer, so bei Shakespeare."[422] – Und in musikalischer Hinsicht bei Beethoven, der ebenfalls jeder einzelnen Note enorme Wichtigkeit zumaß und stets auf die kompositorische *Gesamtwirkung* bedacht war.
Goethe schöpfte aus seiner unergründlichen poetischen Kraft, bestehend aus einem Vokabularium von über 80.000 Wörtern[423], das ihm herrliche Neologismen wie „Lächelmund", „Lebensfluten" oder „Tatensturm" einbrachte.[424] Bei allem Komfort, den er im Alter genoss, hat er sich dennoch immer wieder selbst überwinden müssen, um das Leben mit seinen schmerzhaften Wandlungen ertragen zu können. Beethoven wiederum verließ sich auf sein untrügliches inneres Gehör, auf seine unbändige – von Schicksalsschlägen bemerkenswert angeheizte – kompositorische Energie und eine radikale Selbstkritik, die immer wieder Umarbeitungen und Verbesserungen hervorrief, sodass jedes Werk mühsam zu einem Unikum geformt werden konnte.

Künstlerisch wurden Goethe und Beethoven für die Nachwelt von zahllosen – mal mehr, mal weniger bedeutungs-

---

[422] Thiele, Die großen deutschen Dichter, S. 52.
[423] Baranyai, Des Dichters Lebenskunst.
[424] Die letzteren beiden verwendet Faust in seinem ersten großen Monolog.

vollen – Malern, Zeichnern und Bildhauern verewigt.[425] Berühmt sind heute vor allem die Pop-Art-Porträts von Andy Warhol und weit mehr noch die Gemälde des bayerischen Hofmalers Joseph Karl Stieler, der einerseits für seinen Detailreichtum, andererseits für seine idealisierend-heroische Malweise bekannt war. Neben Beethoven (1820) und Goethe (1828) verewigte er auch den Philosophen Friedrich Wilhelm Joseph Schelling (1835) und den Naturforscher Alexander von Humboldt (1843) in einem Ölgemälde.[426] Man sieht: Der Kreis der vermeintlich wichtigsten deutschen Geistesgrößen aus der ersten Hälfte des 19. Jahrhunderts ist geschlossen.

Zwei zur Genüge bekannte Porträts von Joseph Karl Stieler (1781-1858): Beethoven (mit Partitur der *Missa solemnis*) und Goethe (mit einem Schreiben König Ludwigs I. von Bayern). Gemeinsam haben sie den fixierten Blick in eine leicht seitliche Richtung.

In unserer Zeit haben sich vor allem Dirigenten wie Nikolaus Harnoncourt, Sir John Eliot Gardiner, Riccardo Chailly

[425] Siehe bspw. die heroischen Darstellungen von Heinrich Christoph Kolbe und Fritz Schwörer auf den Vorseiten.

[426] Immerhin saßen alle vier leibhaftig Modell für ihre Porträts.

und Paavo Järvi um Beethovens sinfonisches Werk verdient gemacht und es von staubigen, über-pathetischen Altlasten befreit. Im selben Atemzug sind Pianisten wie Rudolf Buchbinder[427], Michael Korstick, Murray Perahia oder Leif Ove Andsnes, Geiger wie Christian Tetzlaff, Leonidas Kavakos oder Isabelle Faust zu nennen – ihre Aufnahmen seien dem Leser ans Herz gelegt.
Wer unter allen Goethe-Anhängern des 21. Jahrhunderts besonders hervorzuheben ist, bleibt schwierig zu entscheiden. Auf biographisch-wissenschaftlicher Ebene sind es wohl in erster Linie Rüdiger Safranski[428], Gero von Wilpert und Benedikt Jeßing, die den Dichter durch zahlreiche wertvolle Publikationen am meisten beehrt haben; auf interpretatorisch-darstellerischer Ebene nicht nur international renommierte Schauspieler wie Bruno Ganz, der die Titelrolle in Peter Steins 22-stündiger *Faust*-Inszenierung übernahm[429], sondern auch die vielen „namenlosen" Ensemblemitglieder der städtischen Theater, welche Faust, Mephisto, Iphigenie, Tasso & Co. immer wieder aufs Neue lebendig werden lassen.[430]
Diese Auflistungen sollen keinesfalls Werbezwecke erfüllen oder den subjektiven Geschmack des Verfassers als einen mustergültigen präsentieren, sondern lediglich Empfehlungen darstellen, die eine Lanze brechen für authentischleidenschaftliche Interpretationen der Werke Goethes und Beethovens. Denn ihre zeitlose Größe lässt sich nun mal einzig aus der direkten, beharrlichen und durchaus kritischen Konfrontation mit ihrem Œuvre ermessen. Nur so findet man zu einer echten Bewunderung – oder *begründeten* Ablehnung – zweier Jahrhundertgenies.

[427] Buchbinder besitzt 35 Gesamtausgaben der Beethoven'schen Klaviersonaten und führte diese bereits in über 40 Städten zyklisch auf.
[428] Safranski veröffentlichte 2009 auch das Buch *Goethe & Schiller – Geschichte einer Freundschaft*.
[429] Zur Aufführung kam diese im Juli 2000 anlässlich der Weltausstellung in Hannover.
[430] Ganz zu schweigen von unvergesslichen Goethe-Interpreten der Vergangenheit wie Gustaf Gründgens, Will Quadflieg, Gert Westphal etc.

Die Fassadenbemalung eines 70er-Jahre-Kaufhauses am Rathausplatz von Teplitz (Foto von Arnt Cobbers).

Ein bloßer Blick auf die Handschriften der beiden „Klassiker“ legt einen großen Unterschied offen: Goethe geschwungen, vergleichsweise ordentlich, gut lesbar – Beethoven „wie mit einem Besenstiel und mit dem Ärmel über die frischen Noten gewischt“[431] (Zelter). Über solche augenscheinlich spaltenden Charakterstudien sollte man jedoch mit einem Schmunzeln hinwegsehen.
Selbstverständlich waren Goethe und Beethoven unterschiedlicher sozialer Herkunft, Angehörige unterschiedlicher Generationen und von unterschiedlichen Mitmenschen umgeben. Dennoch ist es an der Zeit, sie nicht länger eindimensional zu betrachten. Beethoven war ebenso wenig ein reiner Menschheitsverachter und Zorneskomponist wie Goethe ein oberflächlicher Privilegiertenpoet. Beide schrieben für die Menschheit, nicht für Auserwählte – nur deshalb behielt sie die Nachwelt über alle zeitlichen und ideologischen Grenzen hinaus im Gedächtnis.

Aus der Beziehung Goethe–Beethoven lässt sich – im besten Sinne – so manches Einmalige abstrahieren, das unserer

[431] Goethes Gespräche ohne Eckermann, S. 426.

ruhelosen Zeit so sehr fehlt: Tiefe Menschenkenntnis, aufopfernde künstlerische Hingabe und eine gegenseitige Wertschätzung, die über alle charakterlichen Differenzen hinwegsieht. Ihr Werk setzt sich mit jedweden Problemen der Menschheit auseinander und steht „für ein Glück ein, das es noch zu erringen gilt“[432].
Goethe und Beethoven verband die selbstverständliche Überzeugung, dass Gefühlen im Zweifelsfall ein höherer Stellenwert beizumessen sei als dem Verstand, dass Kunst sich nur durch Anschauung oder Ausübung ihren Fortbestand sichern könne. Wie schrieb Beethoven über die Kyrie seiner *Missa solemnis*?

„Von Herzen – Möge es wieder – zu Herzen gehen!“[433]

[432] Geck, Ludwig van Beethoven, S. 163.
[433] Ebd., S. 142.

QUELLENVERZEICHNIS

Primärliteratur

ARNIM, BETTINE VON: Goethes Briefwechsel mit einem Kinde. Herausgegeben und eingeleitet von Waldemar Oehlke. Insel-Verlag, Frankfurt am Main / Leipzig 1984.

BEETHOVENs Briefe und persönliche Aufzeichnungen. Insel-Verlag, Leipzig 1956.

DIE EDDA. Götterdichtung, Spruchweisheit und Heldengesänge der Germanen. Übertragen von Felix Genzmer. Eugen Diederichs Verlag, Düsseldorf / Köln 1981.

GOETHE: Faust. Der Tragödie erster und zweiter Teil. Urfaust. Herausgegeben und kommentiert von Erich Trunz. Verlag C.H. Beck, München 2010.

GOETHEs Gedichte. Auswahl in zeitlicher Folge. Insel-Verlag, Leipzig 1945.

GOETHEs Gespräche in vier Bänden. Eine Sammlung zeitgenössischer Berichte aus seinem Umgang. Ergänzt und herausgegeben von Wolfgang Herwig. Dritter Band (Erster Teil 1817-1825). Artemis Verlag, Zürich 1971.

GOETHEs Gespräche ohne die Gespräche mit Eckermann. In Auswahl herausgegeben von Flodoard Freiherr von Biedermann. Insel-Verlag, Wiesbaden 1957.

GOETHE, JOHANN WOLFGANG: Egmont / Torquato Tasso. Dramen. Fischer Taschenbuch Verlag, Frankfurt am Main 2009.

GOETHE, JOHANN WOLFGANG: Wilhelm Meisters Lehrjahre. Herausgegeben von Ehrhard Bahr. Reclam 1982.

GOETHE, JOHANN WOLFGANG VON: Iphigenie auf Tauris. Ein Schauspiel. Anaconda, Köln 2009.

GRILLPARZER, FRANZ: Rede am Grabe Beethovens, öffentlich vorgetragen von Anschütz am 29. März 1827. Auf: www.beethoven-haus-bonn.de (Zugriff im Dezember 2014).

MENDELSSOHN BARTHOLDY, FELIX: Reisebriefe. Faksimiledruck nach der Ausgabe von 1862. Drei-Brücken-Verlag, Mainz.

Forschungsliteratur

ABERT, HERMANN: Goethe und die Musik. Severus, Hamburg 2013.

ARPE, VERNER: Knaurs Schauspielführer. Eine Geschichte des Dramas. Droemersche Verlagsanstalt Th. Knaur Nachf., München / Zürich 1957.

BAUMGARTNER, ALFRED: Welt der Musik. Die Komponisten: Ein Lexikon in 5 Bänden. Band 1: Abbatini – Cooke. Propyläen Verlag, Berlin 1989.

CAEYERS, JAN: Beethoven. Der einsame Revolutionär. Eine Biographie. Aus dem Niederländischen von Andreas Ecke. Verlag C.H. Beck, Müchen 2012.

ENGELSMANN, WALTER: Goethe und Beethoven. Benno Filser, Augsburg 1931.

GECK, MARTIN: Ludwig van Beethoven. Rowohlt Taschenbuch Verlag, Reinbek bei Hamburg 2001.

HEIDRICH, JÜRGEN: Die Streichquartette. In: Sven Hiemke (Hrsg.): Beethoven Handbuch. Bärenreiter/Metzler, Kassel 2009.

HERZFELD, FRIEDRICH: Lexikon der Musik. Ullstein, Frankfurt am Main / Berlin / Wien 1973.

JESSING, BENEDIKT: Johann Wolfgang Goethe. Verlag J.B. Metzler, Stuttgart / Weimar 1995.

KAISER, JOACHIM: Selbstbewusstsein, Sprache und Belesenheit Beethovens. In: Ludwig van Beethoven (1770-1827): Ausstellung der Bayerischen Staatsbibliothek München September bis November 1977. Katalog. Hans Schneider, Tutzing 1977.

KLUCKERT, EHRENFRIED: Schnellkurs Friedrich Schiller. DuMont Literatur und Kunst Verlag, Köln 2004.

KORFF, MALTE: Franz Schubert. Deutscher Taschenbuch Verlag, München 2003.

KÜSTER, KONRAD: Beethoven. Deutsche Verlags-Anstalt, Stuttgart 1994.

KÜSTER, KONRAD: Die Sinfonien. In: Sven Hiemke (Hrsg.): Beethoven Handbuch. Bärenreiter/Metzler, Kassel 2009.

LEHNERT, GERTRUD: Schnellkurs Europäische Literatur. DuMont Literatur und Kunst Verlag, Köln 2006.

LÜHNING, HELGA: „... an diesem geht die ganze Welt auf und nieder“ – Bettine Brentano zwischen Beethoven und Goethe. In: Walter Hettche und Rolf Selbmann (Hrsg.): Goethe und die Musik. Königshausen und Neumann, Würzburg 2012.

MICHELS, ULRICH: dtv-Atlas Musik. Systematischer Teil. Musikgeschichte von den Anfängen bis zur Gegenwart. Deutscher Taschenbuch Verlag, München 2008.

MÜLLER-BLATTAU, JOSEPH: Goethe und die Meister der Musik. Bach, Händel, Mozart, Beethoven, Schubert. Ernst Klett Verlag, Stuttgart 1969.

SAFRANSKI, RÜDIGER: Goethe. Kunstwerk des Lebens. Biographie. Carl Hanser Verlag, München 2013.

SCHERING, ARNOLD: Beethoven und die Dichtung. Georg Olms Verlag, Hildesheim / New York 1973.

SCHMIERER, ELISABETH: Komponisten-Porträts. Bilder und Daten. Philipp Reclam jun., Stuttgart 2003.

SIEMS, MARION (Hrsg): Reclams Schauspielführer. Philipp Reclam jun., Stuttgart 2010.

TAURECK, BERNHARD H.F.: Jean-Jacques Rousseau. Rowohlt Taschenbuch Verlag, Reinbek bei Hamburg 2009.

THIELE, JOHANNES: Die großen deutschen Dichter und Schriftsteller. In: marixwissen / FrankfurterRundschau. Marix Verlag, Wiesbaden 2006.

WILPERT, GERO VON: Goethe-Lexikon. Alfred Kröner Verlag, Stuttgart 1998.

Andere Quellen

BARANYAI, MELINDA: Des Dichters Lebenskunst: Kommunikation, Konfrontation und Kreaitivität. (Selbst)Therapie à la Goethe. In: bsz (Bochumer Stadt- und Studierendenzeitung) online, 01.12.2014 (Zugriff im Dezember 2014).

CD-BOOKLET zu: Beethoven: Streichquartette Nr. 12 & 16. Alban Berg Quartett. 1982. EMI Records, Nipper Collection, 2005.

GECK, MARTIN: Beethoven & Goethe: Das Treffen in Teplitz. In: DIE ZEIT online, No. 28/2012 (Zugriff im Dezember 2014).

GOLDSCHMIDT, HARRY: CD-Booklet zu: Ludwig van Beethoven: Die Geschöpfe des Prometheus op. 43. Staatskapelle Berlin, Günther Herbig. 1971. BERLIN Classics, ETERNA, 1994.

OSTEN, MANFRED: Zwischen allen Stühlen. Mozart und Goethe – Fußnoten zur Zeitgenossenschaft. 1998. Auf: www.mozartoper.at (Zugriff im November 2014).

SCHLU, MARTIN: Wolfgang Amadeus Mozart. Wiener Jahre, 1781. 07.03.2009. Auf: www.martinschlu.de → Kulturgeschichte → Klassik (Zugriff im Dezember 2014).

SCHMIDT-MÜHLISCH, LOTHAR: Es war einmal ein Bonner Nationaltheater. 24.11.2003. In: General-Anzeiger Bonn online: Lokales → Kultur (Zugriff im November 2014).

Bildnachweise

Titelseite

Goethe: http://www.fnp.de/storage/pic/importe/fnpartikel/nachrichten/kultur/739978_1_feu_johann_190914_4c.jpg?version=1411068398 (Zugriff am 08.01.2015).

Beethoven: http://www.rheinische-geschichte.lvr.de/Produktion_Artikel_Marginal/1420-4Dgr.jpg (Zugriff am 08.01.2015).

Vorseiten

Goethe: http://www.kisc.meiji.ac.jp/~mmandel/recherche/grafik/goethe_kolbe_vesuv.jpg (Zugriff am 09.12.2014).

Beethoven: http://www.1st-art-gallery.com/thumbnail/192142/1/Ludwig-Van-Beethoven-1770-1827,-German-Composer,-

Engraved-By-Paul-Barfus-1823-95.jpg
(Zugriff am 09.12.2014).

S. 22

Zelter: http://www.interlude.hk/front/wp-content/uploads/2014/03/carl-f-zelter-1758-1832-granger.jpg (Zugriff am 03.12.2014).

S. 36

Mozart: http://upload.wikimedia.org/wikipedia/commons/e/e1/Edlinger_Mozart.png (Zugriff am 06.02.2015).

Schiller: http://upload.wikimedia.org/wikipedia/commons/c/c6/Anton_Graff_-_Friedrich_Schiller.jpg (Zugriff am 22.11.2014).

S. 43

Beethoven: http://www.kunstkopie.de/kunst/_maehler//Beethoven-Portrait.jpg (Zugriff am 07.01.2015).

S. 59

Koch: http://upload.wikimedia.org/wikipedia/commons/c/c6/Joseph_Anton_Koch_003.jpg (Zugriff am 07.12.2014).

S. 68

Goethe: http://www.heise.de/tp/artikel/26/26218/26218_3.jpg (Zugriff am 22.11.2014).

Beethoven: http://www.leo-bw.de/media/lmz_bilddatenbank/current/delivered/images/44/140894.jpg (Zugriff am 22.11.2014).

S. 80

Bettine von Arnim: http://www.all-about-beethoven.com/poze/bettina%20brentanno%20arnim.jpg (Zugriff am 03.01.2015).

S. 86

Carl Röhling: http://www.lesauterhin.eu/wp-content/uploads/2012/01/Goethe-Beethoven.jpg (Zugriff am 21.11.2014).

S. 99

Goethe: http://www.akg-images.de/Docs/AKG/Media/TR5/3/e/1/a/AKG4136.jpg (Zugriff am 30.12.2014).

S. 101

Mendelssohn: http://upload.wikimedia.org/wikipedia/en/1/18/Mendelssohn-by-Vernet.jpg (Zugriff am 09.01.2015).

S. 107

Beethoven: http://www.kunstkopie.de/kunst/joseph_karl_stieler/Bildnis,Ludwig,van,Beethoven,.jpg (Zugriff am 21.11.2014).

Goethe: http://www.fabulalitera.de/wordpress/wp-content/uploads/2008/12/goethe_joseph-karl-stieler_1828-gr.jpg (Zugriff am 01.01.2015).

S. 109

Fassade: http://www.kultiversum.de/zFiles.aspx?w=486&h=273&art=123904&id=343794&uu=Goethe%2C+die+Geliebte+und+andere+Geheimnisse&ff=.jpg (Zugriff am 23.01.2015).

PERSONENREGISTER

Goethe und Beethoven werden hier selbstverständlich nicht aufgeführt; ebenso wenig dramatische oder mythologische Figuren. Personen, die in kommentarischen Fußnoten, in Bildunterschriften oder Zitaten erwähnt wurden, sind dagegen enthalten.

C

D

E

F

G

H

J

K

L

M

T

V

W

Z

Danksagung

Der Autor dankt Jessica Drescher, Arndt Auhagen (Geiger im *Royal Concertgebouw Orchestra*), sowie seinen Kommilitoninnen Nora Schöpe und Ricarda Sonnenschein fürs Korrekturlesen und Ermutigen. 😉